LE PHÉNIX

QUI RENAÎT

OU LA RÉNOVATION DE L'AME

PAR LA RETRAITE ET PAR LES EXERCICES SPIRITUELS

Ouvrage posthume et récemment édité

DU CARDINAL BONA

TRADUIT

PAR M. JULIEN TRAVERS

ET PRÉCÉDÉ D'UNE PRÉFACE

PAR M. AUGUSTE NICOLAS

Ouvrage approuvé par NN. SS. les Évêques de Bayeux et de Coutances

CAEN	PARIS
CHENEL, ÉDITEUR	A. VATON, LIBRAIRE
Pont-St-Pierre, 16	Rue du Bac, 50

1858

LE PHÉNIX

QUI RENAÎT

Imprimerie de P.-A. Bourdier et Ce, 30, rue Mazarine.

LE PHÉNIX

QUI RENAÎT

OU LA RÉNOVATION DE L'AME

PAR LA RETRAITE ET PAR LES EXERCICES SPIRITUELS

Ouvrage posthume et récemment édité

DU CARDINAL BONA

TRADUIT

PAR M. JULIEN TRAVERS

ET PRÉCÉDÉ D'UNE PRÉFACE

PAR M. AUGUSTE NICOLAS

Traduction approuvée par NN. SS. les Évèques de Bayeux et de Coutances

CAEN	PARIS
CHENEL, ÉDITEUR	A. VATON, LIBRAIRE
Pont-St-Pierre, 16	Rue du Bac, 50

1858

J
l'Ég
en'
hor
lan
fut
en
élu
pou
eû'

un

Jean Bona, l'une des lumières de l'Église au dix-septième siècle, naquit en 1609 dans le Piémont, entra de bonne heure dans l'ordre des Feuillants dont il devint général en 1651, fut créé cardinal en 1669 et mourut en 1674. Peu s'en fallut qu'il ne fût élu pape, et l'épigramme qui courut, pour son jeu de mots assez piquant, eût été l'expression d'une vérité :

Esset papa bonus, si Bona papa foret.

Bona est connu par ses lettres, par un traité remarquable sur la liturgie

et par d'excellents petits livres de dévotion. Quand Buchon ouvrit son *Pan-
théon littéraire,* en 1835, par un choix
d'ouvrages mystiques, sur neuf qu'il
y fit entrer, deux appartiennent à
Bona. Ce pieux cardinal est justement
placé au rang des meilleurs écrivains
dans un genre inconnu de l'antiquité,
et devenu le charme et la consolation
des âmes depuis les premiers siècles
du Christianisme.

L'auteur, comme tout ascète, a le
cœur plein de poésie, et l'ensemble de
ses réflexions sur un sujet grave se
traduit parfois dans une image allégorique. C'est ainsi qu'il intitule un de
ses traités : *L'Horloge ascétique;* un
autre : *La Pierre de touche;* celui dont
nous donnons aujourd'hui la première
traduction française : *Le Phénix qui*

renait, *Phœnix redivivus*, ou, comme on l'a imprimé : *Phœnix rediviva. Rediviva* n'est pas la seule variante à notre manuscrit. Nous prévenons, du reste, que ce manuscrit, admirablement copié, de 1776 à 1778, par F. Colomban, au couvent de la Grande-Trappe, nous a semblé digne de toute confiance, et que nous l'avons fidèlement traduit dans un temps où nous ignorions la récente publication de l'ouvrage.

Notre intention était de donner à la fois le texte latin et notre version française en regard. Forcé de renoncer à l'honneur d'éditer le premier l'œuvre posthume de Bona, nous ne songions plus à la traduction, lorsque nos excellentes relations avec M. Auguste Nicolas firent connaître notre travail à cet apologiste, si recommandable par ses *Études philosophiques sur le christianisme*. Il en a jugé favorablement; il a bien voulu le revoir; il en a surveillé l'impression. Son suffrage a déterminé sans doute celui des prélats éminents qui nous ont donné leur *Approbation*.

Quel que soit l'accueil du public, nous avons reçu notre récompense.

J. T.

Caen, le 1er mars 1858.

APPROBATION

DE MONSEIGNEUR L'ÉVÊQUE DE COUTANCES.

Traduire avec autant de fidélité que d'élégance un bon livre, afin d'en rendre la lecture plus accessible et plus attrayante, c'est tout à la fois une œuvre de talent et une œuvre de zèle. A ce double titre se recommande au plus haut degré la traduction d'un pieux et édifiant ouvrage, composé en latin, il y a deux cents ans, sous ce titre : *Phœnix redivivus* (le Phénix qui revit).

Ce titre paraîtra sans doute un peu extraordinaire ; mais l'auteur l'a choisi selon le goût de son époque, parce que cette expression allégorique désigne d'une manière plus frappante le but et le fruit de cet ensemble de *méditations sur les grandes vérités chrétiennes* : mourir, puis renaître ; mourir au péché et à nous-mêmes, afin de renaître à une vie nouvelle en Jésus-Christ.

Ces méditations sont pleines d'intérêt et vraiment remarquables. Nous signalons et nous recommandons plus particulièrement celles qui roulent sur *la fin de l'homme*, — sur *la mort*, — sur *le jugement particulier*, — sur *l'amende-*

ment de la vie, — sur *le règne de Jésus-Christ,* — sur *l'amour du prochain,* — et sur *l'état religieux.*

Le pieux auteur, qui avait été un fervent religieux avant de devenir un grand cardinal, décrit avec un sentiment vif et profond l'excellence et les avantages de la vie religieuse, le bienfait de cette vocation, la perfection qu'exigent les trois vœux, et enfin l'importance des règles et des statuts propres à chaque ordre religieux.

Nous nous faisons un devoir d'offrir nos remercîments et nos félicitations à l'habile auteur de la traduction, et au savant apologiste qui l'a si bien appréciée dans la belle préface dont il l'a enrichie.

Coutances, le 5 février 1858.

† J.-L., évêque de Coutances et d'Avranches.

LETTRE

DE MONSEIGNEUR L'ÉVÊQUE DE BAYEUX

AU TRADUCTEUR.

Bayeux, le 11 février 1858.

Monsieur,

L'ouvrage que vous avez traduit n'a pas besoin d'approbation. Il se recommande suffisamment du nom de son auteur qui, dans un siècle où les lumières les plus sublimes et les plus pures éclairaient l'Église, a brillé d'un vif éclat, et dont on peut dire, comme de l'illustre Bérulle, son contemporain, que la pourpre romaine n'a rien ajouté à sa dignité, tant il était relevé par le mérite de sa vertu et de sa science.

Je ne puis que vous remercier d'une publication qui est un service pour la religion et pour la société.

Le *Phénix qui renaît* prendra noblement sa place parmi les ouvrages de ce genre qui ont valu au cardinal Bona sa réputation d'écrivain ascétique des plus doctes et des plus autorisés.

C'est surtout une bonne pensée, Monsieur, à une époque où les âmes, représentées par l'ingénieuse allégorie de l'auteur, oublient en si grand nombre leurs destinées immortelles, de les rappeler à la méditation des vérités qui seules peuvent leur rendre la vie.

Vos lecteurs retrouveront, Monsieur, dans la fidélité de votre traduction, dans l'élégance et la facilité de sa marche qui annonce une œuvre originale plutôt qu'une copie, l'ancien professeur de lettres latines de notre faculté ; et vous continuerez d'honorer cette compagnie, si justement renommée par ses lumières et par son goût, jusque dans votre laborieuse et féconde retraite.

Enfin, pour que rien ne manque à votre livre, il se présente sous les auspices d'un apologiste distingué, devenu l'une de nos gloires. Je vous en félicite, Monsieur ; c'est un nouveau gage du succès que je vous désire.

Recevez, Monsieur, l'assurance de mes sentiments de respectueuse considération.

† CHARLES, évêque de Bayeux.

PRÉFACE.

Voici un petit livre que nous nous permettons de signaler, avec toute confiance dans le bien qu'il est appelé à faire. Le nom de son éminent auteur le recommande assez, déjà, au monde chrétien ; néanmoins, dans la diversité des livres sortis des plumes les plus autorisées, il en est qui atteignent plus heureusement le bien général, et qui pénètrent plus avant dans l'âme humaine. Tel est le livre incomparable de l'*Imitation de*

Jésus-Christ : tel est, à distance de ce livre unique, mais sans être effacé par lui, le *Phœnix redivivus* du cardinal Bona.

Le *Phénix qui revit*, c'est l'âme qui, de l'insensibilité spirituelle où la retiennent les enchantements mauvais de la terre, revient à elle-même, et, par une série de méditations ou d'exercices spirituels gradués, se réveille, s'observe, se reconnaît dans sa nature et dans sa fin, dans son éloignement et dans ses entraves, et, à la lumière de cette grande connaissance où toutes les illusions se dissipent, où la vérité lui apparaît, s'enflamme et prend son essor vers Dieu, son bien suprême, en qui elle pénètre et se dilate comme dans le centre de son amour et de sa félicité.

C'est la même marche que celle de l'*Imitation*, mais plus ramassée, plus pressante, et, pour nombre d'âmes qui ont besoin d'être menées, plus efficace. L'*Imitation* se prend à livre ouvert, et la rencontre des vérités qui y parlent et des sentiments qui y respirent avec les divers états de notre esprit et de notre cœur en fait le charme vivifiant. L'ensemble frappe peu, et disparaît en quelque sorte dans l'impression des parties. C'est l'ensemble, au contraire, qui frappe dans le *Phœnix redivivus ;* c'est l'en-

chaînement progressif des méditations qui saisit le lecteur, et qui, sans
le laisser reposer, l'absorbe, le possède et le maîtrise. La vérité y est
plus compacte, les traits plus accumulés, la composition plus didactique ; c'est plus un livre, en un mot,
que l'*Imitation*, dont le merveilleux
caractère est précisément de ne pas
être un livre, mais un ami toujours
prêt à répondre, un oracle de sagesse
et de consolation.

Comme on le voit, ce n'est pas une
comparaison de mérite que nous voulons établir entre ces deux traités,
mais d'utilité, pour montrer que le
Phénix peut faire un grand bien après

l'*Imitation*, comme l'*Imitation* elle-même en fait après l'*Évangile*.

Le *Phénix* se distingue par une savante et vivante analyse des états, des devoirs et des destins de l'âme. C'est un tableau raccourci, c'est un miroir concentré, qui accuse au vif tous les replis de nous-mêmes, qui évoque le passé, rapproche l'avenir, et nous met en présence de l'immuable et de l'éternel. L'accent de foi qui y respire impose à ceux mêmes qui douteraient, d'autant qu'il s'y allie constamment à l'inspiration de la conscience. C'est de la raison et de la foi qu'on ne saurait démêler, tant elles se pénètrent et se fondent dans un langage à la fois simple et profond, rigoureux et animé.

Outre ce mérite propre, la destinée de ce précieux écrit le recommande plus particulièrement à notre temps. Composé, il y a deux cents ans, par le pieux cardinal, parmi d'autres petits traités du même genre, mais qui, plus heureux que lui, avaient vu le jour de l'impression et même de la traduction, celui-ci était resté manuscrit, et n'avait circulé qu'à la faveur de copies également manuscrites. Mais ce genre de reproduction ne trouve plus, dans nos temps hâtifs et affairés, de plumes assez calmes et assez ferventes, et le

Phénix, qui avait vivifié tant de cœurs chrétiens, paraissait devoir s'éteindre dans la poudre des vieilles bibliothèques. Heureusement que des mains pieuses, ou dignes de le devenir, l'avaient recueilli et apprécié. M. Julien Travers, qui a la science et le goût de toutes les bonnes choses, et qui compte parmi ces esprits investigateurs et généreux dont la patiente ardeur ne laisse pas prescrire la solide renommée des lettres de Caen, avait donné asile, parmi les richesses de sa bibliothèque, à un manuscrit du *Phénix*, d'une perfection calligraphique qui rivalise avec l'impression. La bonne pensée de le multiplier et de le répandre, au moyen de celle-ci, le préoccupait depuis quelque temps, et il allait la réaliser, lorsqu'il découvrit qu'il venait d'être devancé par les éditeurs Mellier frères, qui, en 1847, ont imprimé pour la première fois cet écrit sous le titre de *Phœnix rediviva*.

Cette publication était un vrai service rendu aux lettres chrétiennes; mais le latin, de plus en plus mort pour la généralité des lecteurs de notre âge, retenait encore le *Phœnix* captif sous son idiome mystérieux. Mû par cette pensée, M. Julien Travers se sentit alors porté à se dédommager du rôle d'éditeur par celui de traducteur, et, sous l'inspiration de cet attrait, il eut bientôt fait vivre le *Phénix* à la clarté de notre langue. C'est cette traduction que nous sommes heureux de recommander aujourd'hui. Nous n'hésitons pas à dire qu'elle joint toute la franchise d'un écrit original à toute l'exactitude d'une copie. Après la lecture du texte latin, elle nous a fait une impression nouvelle et en quelque sorte plus vive : ce qui tient à la nature du livre autant qu'au mérite de la traduction. Ces hautes vérités, d'une force toute personnelle, et qui prennent le lecteur à partie pour le discuter, gagnent à lui être dites dans la familiarité de sa propre langue, et comme par la voix de sa conscience : elles prennent alors quelque chose de plus immédiat, de plus pénétrant et de plus intérieur. Mais cet avantage est au prix d'une traduction qui fasse l'illusion d'un original, qui en ait tout le jet et toute l'allure, dans la scrupuleuse fidélité d'une reproduction. Or tel est le mérite de la traduction de M. Travers : c'est le *Phénix* lui-même qui revit en français.

Nous avons donc un bon livre chrétien de plus ; un livre tout à la fois nouveau et ancien, qui nous apporte un souffle de vie et de vérité tel que le respiraient nos pères, et auquel nos âmes resserrées ne sauraient trop s'ouvrir. Ce livre suppose la foi sans doute; mais en la supposant, il la suscite. Il est fait, dans quelques-unes de ses parties, pour des religieux ; mais il s'adresse néanmoins à tout le monde, parce que le religieux est homme, et que l'homme est religieux : religieux par le vœu de son baptême, s'il a l'honneur d'être chrétien, et même, s'il ne l'était pas, par le seul vœu de sa nature.

Tout homme, par sa naturelle condition de naître, de faillir et de mourir, de répondre de ses actes, d'avoir à compter avec la divine justice et d'aspirer à une éternelle félicité, est

puissamment intéressé à la réforme
de lui-même, et à la conformité de
sa vie avec sa fin par tous les moyens
que la Vérité même, d'accord avec
ses besoins, est venue lui prescrire.
En ce sens, tout homme est religieux,
toute âme est naturellement chrétienne. C'est ce que témoigne le
crédit universel de certains livres
ascétiques chrétiens, comme l'*Imitation*. Toute la morale de ce beau
livre n'est que la foi en Jésus-Christ,
appliquée aux divers états de l'âme
humaine. Cette âme, mondaine souvent, étrangère aux observances et
aux enseignements de la foi, ne peut
s'éprendre, comme elle le fait, pour

ce saint livre, l'admirer, le subir, sans être d'intelligence secrète avec la céleste vérité qui s'y fait entendre, et sans la confesser au dedans d'elle-même par tout le bien qu'elle en ressent. C'est ce que témoigne encore vivement l'heureuse singularité de tous ces livres de haute dévotion, réédités de nos jours par des mains sceptiques, employées même quelquefois, en même temps, à desservir la foi. Cette foi méconnue ou combattue prophétise par ses détracteurs. Captive au fond des âmes, elle s'en élève à la fin pour le jugement ou pour le salut ; et, à force d'infidélité, y fût-elle éteinte, ce serait encore comme le *Phénix*, susceptible de revivre par sa vertu native et la grâce de Dieu.

Cette consolante vérité s'applique plus particulièrement à nos temps de transition, à la société présente qui, malgré bien des hontes et bien des fautes, et au prix sans doute encore de bien des difficultés et des combats, est certainement une société qui renaît. *Le Phénix qui revit* est donc un livre plein d'opportunité. Il favorisera ce travail de renaissance, il l'activera par des accents de foi qui auront de puissants échos dans les âmes. C'est à de tels accents que la société peut désormais avancer. La vérité a été assez démontrée, assez discutée : le temps de la conclure est arrivé. Il faut la poser, la parler, et surtout la faire, avec l'autorité, avec la confiance que donnent ses vrais titres et la secrète relation qu'elle a dans les cœurs. C'est ainsi, d'ailleurs, qu'elle a fait son entrée dans le monde : c'est ainsi qu'elle y rentrera.

AUGUSTE NICOLAS.

l

I
ope
soit
qu'
les
un
soi
jou
pro

RÈGLES

POUR L'USAGE ET LA PRATIQUE

DES EXERCICES SPIRITUELS.

———

I

Parmi les personnes qui désirent opérer leur salut, quelque grande que soit leur instruction, quelque amour qu'elles aient pour la religion et pour les choses spirituelles, il n'en est pas une seule qui n'éprouve parfois le besoin de faire une retraite de quelques jours : le but que chacune d'elles se propose est de faciliter l'affaire de son salut, de voir de ses yeux comment elle est tenue de tendre sans relâche au sommet de la perfection; d'examiner en même temps ses défaillances spirituelles, toute sa vie passée, ses directions présentes et ses moyens, en scrutant une à une ses moindres actions; puis de recourir au remède avec d'autant plus d'empressement, qu'elle se reconnaît plus malade.

II

On se propose dans ces *Méditations*, de fournir à l'homme des secours pour mener une vie sainte et conforme à la volonté de Dieu, pour extirper ses penchants au vice et au crime, pour vaincre et réprimer les coupables mouvements de l'appétit sensitif, pour faire germer dans l'âme

les vertus, pour se consacrer tout entier à Dieu et à son service avec une
charité parfaite. Il faut donc se faire
une haute opinion de leur objet.

III

Sans l'exercice de la méditation,
personne, à moins d'un miracle, n'arrive à la perfection, personne n'atteint
aux plus exactes prescriptions de la
religion chrétienne; à peine même
s'élève-t-il à quelque bien. Tout art,
toute science, tout ensemble de devoirs moraux a son principe, ses ac-
croissements et sa fin dans la méditation. C'est à elle que la prière doit son
aliment, les bonnes œuvres leur direction, toutes les vertus, leur source
et leur complément. Si nous succom-

bons facilement, si notre âme est toujours aride et manque des consolations
divines, c'est que nous ne savons pas
nous confiner dans le secret de notre
conscience, c'est que nous ne vaquons
pas à nous-mêmes et au service de
Dieu par des exercices spirituels; enfin, comme dit Jérémie : « Toute la
terre est dans une extrême désola-
tion, parce qu'il n'y a personne qui
se recueille dans son cœur (XII, 11). »

IV

Dans l'usage de ces exercices spirituels, il est à observer que nous devons chercher non des consolations
sensibles ou quelque autre satisfaction de la nature, mais uniquement la
gloire de Dieu et la réformation de

notre âme. Il ne faut pas y renoncer parce que, en nous y livrant, nous éprouvons des tentations, des aridités, des désolations et des obscurités : après les ténèbres Dieu nous enverra la lumière, et celui-là qui aura persévéré jusqu'à la fin sera sauvé.

V

Quoique les exercices spirituels soient l'objet d'une foule d'écrits, parmi lesquels le Livre d'or [1] de saint Ignace de Loyola, sur cette matière, a éclipsé tous les autres, les *Méditations* qu'on va lire ne seront cependant pas

---

1 *Exercices spirituels*, composés en espagnol par saint Ignace, traduits en latin par André Frusius, et en français par **Drouet** de Maupertuis.

inutiles; car elles sont courtes, faciles par la méthode d'exposition, et fructueuses pour quiconque y appliquera sérieusement son esprit.

Et d'abord, on y met sous les yeux la fin dernière pour laquelle l'homme fut créé. Il s'agit ensuite des obstacles qui nous font dévier de cette fin. Viennent après, sur nos derniers moments, des considérations qui nous font connaître les dangers que nous courons, et nous poussent à changer de conduite. Puis nous contemplons la royauté du Christ, notre Seigneur, à laquelle on parvient par la mortification et par l'amour de la vertu. Et comme l'école des vertus, c'est la vie de religion, suivent quatre méditations sur l'état religieux, méditations que pourront passer les séculiers. Enfin, puisque la perfection consiste dans l'amour de Dieu et du prochain, et que c'est par l'amour que nous tendons à nous unir avec Dieu, les trois dernières méditations ont pour objet cet amour et cette union.

VI

Celui qui a pris la résolution de se livrer à ces exercices l'espace de dix, de huit, ou de sept jours, doit se retirer dans un lieu convenable, éloigné de la foule, où, rejetant, ajournant toute affaire, tout souci étranger, il soit à lui seul et à Dieu. Si, cherchant la solitude, il ne peut trouver un lieu convenable pour la retraite, il restera dans sa chambre seul et solitaire, dévot ascète, gardant alors un entier silence, s'abstenant des entretiens même honnêtes, comme un homme qui n'entend point, comme un muet qui n'ouvre point la bouche.

VII

Occupé, pendant cette retraite, de méditations, il en fera deux ou trois par jour : la nuit, le matin et le soir, ou dans un autre temps plus commode. Alors il récitera quotidiennement, avec une extrême attention, l'*Office divin*, la *Couronne de la Vierge Bienheureuse* [1], et d'autres prières bien

---

[1] La *Couronne de la Sainte Vierge* est le Chapelet : « Corona ex sexaginta tribus Salutationibus Angelicis componitur, et septem Orationibus Dominicis ; — La Couronne se compose de 63 Ave et de 7 Pater. » JOANNIS BONA HOROLOGIUM, ch. V, § 17. Plus loin l'auteur ajoute

articulées, comme je l'ai prescrit dans l'Horloge de la journée chrétienne [1]. Il sondera sa conscience avec le dernier scrupule ; et, s'il y trouve quelque chose qui ait besoin d'expiation, il l'effacera par le sacrement de pénitence. Puis, dans un examen général, il s'efforcera d'embrasser d'un coup d'œil l'état de son âme, selon la formule que j'ai donnée, au dernier chapitre de La pierre de touche, ou Traité du discernement des esprits [2]. Enfin, il lira d'un bout à l'autre quelque petit livre spirituel, propre à diriger ses pas dans la voie de la paix, .

que les Salutations Angéliques sont au nombre de 63, parce que l'opinion la plus probable est que la Sainte Vierge a vécu 63 ans.

[1] Cette Horloge est une œuvre posthume du cardinal.

[2] Autre ouvrage ascétique du cardinal Bona.

comme l'IMITATION DE JÉSUS-CHRIST [1],

[1] Qui ne connaît ce livre admirable, *le plus beau qui soit parti de la main d'un homme, puisque l'Évangile n'en vient pas* (FONTENELLE)? On a cherché vainement à lever le voile de l'anonyme dont s'est enveloppé l'auteur ; les uns ont cru devoir attribuer l'*Imitation de Jésus-Christ* au chancelier Gerson, d'autres au bénédictin Gersen, d'autres au chanoine Thomas à Kempis. Il est bon que cet auteur, quel qu'il soit, religieux régulier ou séculier, reste inconnu. L'abnégation de toute gloire humaine est le sceau d'une telle œuvre, comme elle en est la conséquence. Oui, selon nous, il manquerait quelque chose à l'*Imitation*, si elle était signée d'un nom propre. L'anonyme est le nuage qui couronne l'édifice, sublime édifice ! fondé sur la philosophie la plus profonde, élevé jusqu'aux cieux par la religion la plus tendre.

Respectons l'obscurité où s'enveloppa, où dut peut-être s'envelopper l'auteur. — Évidemment il eut un esprit vaste, un cœur aimant ; la lecture de son livre prouve qu'il connut le siècle, et la vanité de ses promesses, et la briéveté de ses joies. Peut-être cette âme ardente et poétique se méprit-elle sur les voies de la sagesse, et ne fut-elle désabusée qu'après des chutes. Une fois dans le cloître, elle écrivit ses méditations avec une connaissance de l'homme les Opuscules de Louis de Blois [1], et mon Chemin du ciel [2].

égale à sa misère, avec autant de simplicité que de grandeur.

Supposons que l'humble solitaire se fût déclaré l'auteur de l'*Imitation*. L'investigation contemporaine n'eût-elle pas fouillé la vie passée de l'écrivain ? Le livre, dans ce cas, serait-il devenu populaire à son apparition ? Aurait-il obtenu immédiatement la même autorité ? Nous ne le pensons pas ; et, loin de nous tourmenter du curieux problème : « Quel est l'auteur de l'*Imitation ?* » nous nous applaudissons de l'origine mystérieuse de l'ouvrage. Elle ajoute, sinon à sa valeur propre, du moins à son effet moral.

[1] Louis-François de Blois, en latin *Blosius*, né au château de Doustienne, dans le pays de Liége, en 1506, mort en 1566, composa plusieurs ouvrages de piété, parmi lesquels on distingue *Speculum Religiosorum*, traduit sous ce titre : *le Directeur des âmes religieuses*, par de La Nauze, membre de l'Académie des inscriptions et belles-lettres. Il est inséré dans le *Choix d'ouvrages mystiques* de Buchon.

[2] Manuductio ad cœlum, traduit par le président Cousin sous ce titre : Le Chemin du ciel, est un des meilleurs traités ascétiques.

VIII

Le jour entier doit être ordonné de façon que l'ascète sache bien ce qu'il doit faire à chaque heure, et que pas une minute de la journée ne trompe sa vigilance. Quant à ces lumières, à ces inspirations, à ces bons propos dont Dieu est la source, et qui sont consignés dans l'opuscule destiné à les reproduire, il faut s'en pénétrer, afin que leur souvenir détermine à toujours agir en conséquence.

IX

Comme ces exercices donnent lieu à des actes de l'intelligence et de la volonté, nous devons prendre garde à deux choses : l'une, que les meilleures parties de la volonté ne restent pas dans l'abandon ; l'autre, que, dans les opérations de cette même faculté, nous ayons plus d'égard à ses actes qu'à ceux de l'intelligence, surtout quand nous nous entretenons avec Dieu ou avec ses saints.

X

Ce sera pour l'ascète un grand secours, de venir d'un cœur grand et libéral à ces exercices, et d'offrir à Dieu tout son zèle et son libre arbitre, afin de prendre sur ce qu'il est et ce qu'il a des mesures positives, d'après lesquelles il puisse avant tout servir Dieu de la façon que Dieu veut qu'on le serve.

XI

Comme il est facile, quand abondent les consolations, de passer en méditation une heure entière, et qu'au contraire c'est chose fort difficile, quand survient la sécheresse, il faut toujours lutter contre la tentation, en prolongeant au delà de l'heure fixée ses pieux exercices, dans la ferme intention de vaincre : de cette manière, en effet, on résiste à l'adversaire, et lui-même est forcé de se rendre.

XII

La première pensée de l'ascète chaque matin, au moment du réveil, sera d'appliquer son esprit aux méditations qui doivent bientôt occuper ses moments; puis jaillira de son âme un acte de foi et d'adoration en la présence de Dieu, et il commencera sa méditation plein d'un profond respect mêlé de frayeur. Si quelque point éveille en lui une dévotion spéciale, il faut qu'il s'y arrête, sans souci de passer outre, jusqu'à ce qu'il ait donné satisfaction à ces pieux élans.

XIII

Les jours consacrés aux exercices, outre le silence, l'abstinence est de rigueur : on l'observe en retranchant à la nourriture qu'il convient de prendre habituellement. Il faut diminuer aussi le temps du sommeil, réformer son lit, sans toutefois mettre sa santé en péril; enfin imposer à son corps des cilices, la discipline et d'autres austérités.

XIV

Il est nécessaire, avant d'entrer en exercice, d'en mesurer d'avance et d'en préparer les points capitaux; et comme plusieurs *Méditations* ont de l'étendue, elles pourront être divisées en deux parties. De même, on verra d'avance par quel endroit et de quelle manière telle affection peut être déracinée, en cherchant avec sagacité quel degré de perfection et quelle vertu nous manquent, afin de provoquer les sentiments qui conviennent à notre état, et d'assigner un but direct à la méditation.

XV

Les exercices terminés, il faut d'abord remercier Dieu de nous avoir, par sa grâce, fortifiés et secourus, et d'avoir éclairé notre âme de sa lumière, pour nous faire reconnaître nos défauts, et embrasser d'un coup d'œil les moyens de les corriger et de nous perfectionner nous-mêmes.

Il faut, en second lieu, renouveler les bons propos que l'on a faits pendant chaque méditation, et dire avec le Prophète : « C'est maintenant que je commence (Ps. LXXVI, 10) ! »

En troisième lieu, on demandera à Dieu par une humble prière, qu'il nous accorde une pureté de cœur parfaite, une foi vive, une charité ardente et une persévérance qui ne s'arrête qu'au but.

XVI

Comme la lumière de notre jugement est faible, et que souvent, en cherchant à bien faire, nous sommes déçus par l'apparence, il est nécessaire d'avoir un préparateur et directeur fidèle, dont nous suivions dans ces exercices les conseils et les inspirations; par les mains duquel nous nous laissions façonner et guider, comme de petits enfants à qui l'on donne les premières leçons; devant les yeux duquel nous dévoilions sans réserve l'état de notre âme agitée ou calme. Quand un tel guide nous manque, il faut demander sans relâche et avec humilité, dans ses prières, les

directions internes du Saint-Esprit;
puis recourir aux précepteurs muets,
c'est-à-dire à la parole de Dieu, écrite
dans la Bible, et aux livres spirituels,
parmi lesquels on distinguera, comme
utile au but qu'on se propose, LA
PIERRE DE TOUCHE DE LA VIE SPIRITUELLE,
ou TRAITÉ DU DISCERNEMENT DES ESPRITS.

XVII

Le directeur doit remplir sa fonction avec beaucoup de sollicitude, de
charité, d'empressement, et donner
de fidèles instructions à celui qui s'est
confié à son zèle : il lui fera donc de
fréquentes visites, et se mettra en
harmonie le plus possible avec son
humeur, sa nature et sa complexion,
observant scrupuleusement les règles

que je donne ici, et ne perdant jamais de vue ce qui est dit sur le discernement des esprits dans LA PIERRE DE TOUCHE, précédemment citée.

XVIII

Si le directeur voit l'ascète en proie à l'abattement ou à la tentation, il doit (qu'il y prenne garde) se montrer, non austère et dur, mais indulgent et doux, fortifier son cœur pour qu'il agisse désormais avec courage, et lui découvrir les ruses de son ennemi. D'ailleurs il importe que, malgré son empressement, l'ascète ignore aujourd'hui quel doit être demain l'objet de sa méditation; ou du moins qu'il ne lise pas, qu'il ne parcoure même pas sa *Méditation* du lendemain, occupé uniquement de celle du jour, comme si rien de nouveau ne devait se présenter à lui dans la suite.

XIX

Si l'on s'aperçoit qu'au milieu de ses exercices il soit emporté par trop de ferveur, et que les consolations surabondent, il faut réprimer cet excès, et empêcher le pénitent d'aller inconsidérément et précipitamment se lier par quelque vœu. Bien plus, tant que dure cette ferveur, qu'on se garde de prendre aucune détermination sur le choix d'un état; mais que l'on se conforme aux règles que j'ai données au XXIIIe chapitre de mon CHEMIN DU CIEL.

XX

Enfin on tiendra compte du savoir et de l'intelligence de l'ascète, pour ne pas imposer par hasard à l'ignorance et à la faiblesse des fardeaux qu'elles seraient incapables de porter. Dans ce cas, en effet, on vient en aide au pénitent par des exercices moins difficiles : on lui enseigne à faire l'examen de sa conscience, à mettre de l'attention dans ses prières, à recevoir avec fruit les sacrements, à se livrer à de semblables pratiques, plus aisées, et dont l'usage est plus fréquent.

Quant à ceux que distingue l'instruction, la capacité, il faut à leur égard d'autres moyens, car c'est par des voies plus élevées qu'ils doivent être conduits. Connaissant donc sa faiblesse et la difficulté du gouvernement des âmes, le directeur demandera instamment la sagesse à la source de la science humaine et de tous les trésors de sagesse, à Dieu béni dans tous les siècles. Ainsi soit-il!

P[illegible]

[illegible]

L[illegible]
notr[illegible]
de r[illegible]
prer[illegible]
un
la l[illegible]
mai[illegible]
ses.
tuell[illegible]
s'per[illegible]

PREMIÈRE MÉDITATION.

DE LA FIN

POUR LAQUELLE A ÉTÉ CRÉÉ L'HOMME.

I

Le principe le plus favorable à notre rénovation est la connaissance de notre propre fin. Cette fin est la première règle de toutes les causes, un guide pour le choix des moyens, la ligne à suivre dans les actions humaines, la perfection de toutes choses, et le fondement de la vie spirituelle tout entière. Aussi le Prophète s'écriait-il : « Seigneur, faites-moi connaître ma fin, afin que je sache ce qui me manque (Ps. XXXVIII, 5, 6). »

De Dieu, comme d'une mer immense, émanent toutes les créatures, ruisseaux qui prennent leur cours et reviennent à leur source comme au lieu et à la fin dernière de leur repos ; car Dieu a tout fait pour lui-même ; il est l'*Alpha* et l'*Oméga,* le premier et le dernier, le commencement et la fin. Quant à l'homme, il a été créé pour cette fin spéciale : louer Dieu, son Seigneur, durant cette vie mortelle, l'aimer et l'honorer, s'unir à lui par la grâce et la charité, s'attacher à lui dans l'avenir par des liens indissolubles, et jouir de sa gloire et de sa béatitude dans l'éternité.

Toutes les autres créatures ont été

faites pour l'homme, les unes pour la conservation de sa vie, d'autres pour son exercice, quelques autres pour le plaisir de ses sens; et toutes marchent directement à leur fin, sans en dévier jamais. Nous seuls, oubliant notre cause finale, rebelles à Dieu et à ses lois, quand nous devrions nous élever de la beauté visible des créatures à leur Créateur invisible, pour nous unir à lui comme à la fin la plus digne de notre âme, comme au centre où elle doit tendre, profondément criminels, nous plaçons notre fin dernière dans les créatures elles-mêmes, comme si Dieu nous avait créés pour qu'elles servissent, non à notre usage, mais à nos jouissances.

II

De ces principes se déduisent trois conclusions pratiques :

La première, c'est qu'il faut user des créatures ou s'en abstenir, selon que, pour atteindre à notre fin, elles nous viennent en aide ou nous font obstacle. Nous devons donc être indifférents à l'égard de toutes les choses créées, en sorte que, du moins autant qu'il est en nous, nous ne cherchions pas plus la santé que la maladie, et que nous ne préférions pas la richesse à la pauvreté, l'honneur à l'ignominie, la longueur de la vie à sa brièveté ; mais que nous mettions tout le reste après ce qui convient le mieux à notre fin, et que nous ne demandions rien aux êtres divers que ce qui peut aider à servir le Créateur.

La seconde, c'est que nous devons examiner avec soin, rechercher avec pénétration les penchants vicieux, les affections immodérées qui nous entraînent vers les honneurs, les richesses, les voluptés, vers des parents, des alliés, des amis, vers la vie et la santé ; puis déterminer la volonté à vaincre de tels entraînements, en rejetant le soin et la sollicitude de toutes choses sur Celui qui a dit : « *Cherchez premièrement le royaume de Dieu* comme votre fin dernière, et *toutes ces choses,* qui sont nécessaires à passer la vie, *vous seront données par-dessus* (S. Matt., VI, 33). »

La troisième, enfin, c'est qu'avant tout il faut avoir en haine et en horreur le péché, qui seul s'oppose directement à notre fin dernière et nous la fait perdre entièrement de vue. Or, si nous cessons de tendre à cette fin, de quels maux terribles ne deviendrons-nous pas la proie ! Nous serons privés de la paix intérieure dans cette vie, de Dieu et du bonheur de le voir dans la vie future, et notre âme et notre corps seront damnés éternellement. Il ne reste rien de tous ses travaux à celui qui ne dirige pas l'ensemble de ses études, de ses paroles, de ses actions et de ses pensées vers le but qu'il faut atteindre.

III

Il fut un temps où notre corps et notre âme n'existaient pas, où tout

ce qui nous constitue n'était rien;
nous étions inconnus du monde, que
nous-mêmes ignorions; mais quand ce
fut la volonté de Dieu, qui appelle ce
qui n'est pas comme ce qui est, il
nous tira du néant, et sa libéralité
nous accorda le plus noble des privi-
léges, celui de naître à la vie humaine, doués de raison, marqués à
l'image du Créateur, et capables de la
béatitude éternelle. C'est lui qui nous
a faits, ce n'est pas nous qui nous
sommes faits nous-mêmes; mais, ô
aveugle oubli des hommes! ô la plus
coupable des ingratitudes! « quand
nous étions élevés en honneur, nous
ne l'avons pas compris; nous avons
été comparés aux bêtes qui n'ont aucune raison, et nous leur sommes devenus semblables (Ps. XLVIII, 12) » :

Dieu veut nous sauver, et nous nous perdons nous-mêmes; il nous attire en haut, et nous nous précipitons en bas; il a tracé dans notre âme son image, et nous y avons gravé l'image de Satan; il nous a rachetés de son sang, et nous nous sommes vendus derechef à notre ennemi pour la plus grossière volupté; il veut que nous nous occupions de ce qui est en nous, et ce qui est hors de nous est le seul objet de nos sollicitudes, devenus que nous sommes les plus ignobles de tous les êtres.

Nous nous enquérons avec sollicitude de ce qui sert au gros bétail, et nous avons des prescriptions nombreuses pour les soins à donner aux animaux; quant à notre âme, il n'en est pas question; — nous enseignons

les moyens d'apprivoiser les bêtes, de
les rendre dociles à notre service, et
nous-mêmes nous nous laissons aller
au brutal emportement des animaux
sauvages.

Qu'un serpent, qu'un scorpion se
cache dans nos demeures, comme on
se hâte de le mettre à mort ! Et quand
le démon se cache dans notre âme,
nous n'avons pas l'idée du danger
qui nous menace, et, sans le moindre
souci d'un tel malheur, nous reposons
dans notre indifférence !

Ce corps sujet à la corruption
tombe-t-il malade, nous sommes prêts
à braver tous les hasards pour le gué-
rir ; et l'affaissement de notre âme ne
nous cause aucune alarme !

« Embarque-toi, si tu veux éviter
la mort. » A ces mots, qui jamais a

différé ? « Prends ce médicament, malgré son amertume. » Qui jamais a refusé? Dieu donne des ordres d'une exécution facile pour que nous vivions éternellement, et nous refusons de les suivre !

Nous désirons la bonté pour nos mets et nos boissons, la bonté pour notre demeure, la bonté pour notre habit, la bonté pour notre chaussure; mais que notre âme soit bonne ou mauvaise, que nous importe ?

Arrêtons-nous dans une place publique, interrogeons ceux qui vont, ceux qui viennent, nous n'en trouverons pas un dont l'empressement ait pour objet les choses spirituelles, mais nous les verrons tous courir pour les choses charnelles et passagères. « Ils courent tous où leur passion les em-

porte, comme un cheval qui court à
toute bride au combat (Jér. VIII, 6). »
En considérant une telle conduite,
nous devons rougir et rester interdits
au point que la confusion nous ferme
à jamais la bouche.

IV

Reportons-nous en esprit aux dangereuses erreurs de notre jeunesse.
Quel fruit recueillons-nous de ce qui
maintenant nous fait rougir? Que nous
a-t-il servi de nous être écartés de
notre fin, et d'avoir, par l'opprobre
dont le vice nous a marqués au front,
infligé tant d'outrages à notre conscience? Que nous a-t-il servi d'avoir
travaillé à notre perdition, et dirigé la
frêle barque de notre âme à travers

les tristes écueils où le salut fait nau-frage? « Nous sommes heureux, parce que Dieu nous a découvert ce qui lui est agréable (BARUCH, IV, 4); » mais nous serons sans nul doute au comble de l'infortune, si nous obéissons aux désirs de la chair plutôt qu'aux volontés de Dieu.

Or, ce qu'exige cette divine volonté, c'est notre sanctification, la chose unique, la seule nécessaire, d'après les enseignements du Christ. Terme de toutes nos actions, elle en doit être la fin. Vanité que tout ce qui ne sert pas à l'acquérir! « Que servirait-il à un homme de gagner tout le monde et de perdre son âme? ou par quel échange l'homme pourra-t-il racheter son âme après qu'il l'aura perdue (S. MATT. XVI, 26)? » Écoutons l'apostrophe du Prophète : « Enfants des hommes, s'écrie-t-il, jusques à quand changerez-vous ma gloire en ignominie? Pourquoi aimez-vous la vanité et cherchez-vous le mensonge (Ps. IV, 3)? » Élevons nos cœurs vers le Très-Haut : tendre vers lui est pour nous la félicité suprême, s'en écarter la suprême perdition.

V

Après avoir ainsi reconnu notre fin dernière, il nous reste à chercher les instruments et les moyens qui conduisent à cette fin.

Il en est de naturels, il en est de surnaturels.

Les moyens naturels sont toutes les choses créées. L'homme, en effet, tire parti de la multitude et de la variété des créatures pour arriver à la connaissance du Créateur, pour exercer sa vertu, pour récréer honnêtement son esprit, et même pour prolonger sa vie, s'il fait de ces créatures un usage équitable et conforme à la raison, ainsi qu'autrefois dans l'état d'innocence. Mais comme aujourd'hui, par suite de la corruption qu'a causée le péché, une fausse apparence du bien ou du mal nous éloigne de la vertu ou nous retarde dans ses voies, nous devons être singulièrement sur nos gardes dans l'usage des créatures ; car, à leur égard, il faut envisager non leur bonté intrinsèque, mais leur bonté relativement à notre fin.

Le vin, assez utile aux hommes, leur est funeste quand ils se portent mal : de même l'usage des créatures devient bon ou mauvais, suivant la disposition différente de ceux qui en font usage. Voyez, du reste, les malades qui aspirent à la santé : ce qu'a prescrit le médecin, la dose, la manière, le temps, ils ne veulent absolument rien autre chose ! A leur exemple, nous devons, dans l'usage des créatures, nous en remettre sans réserve au jugement, à la prudence, aux injonctions du supérieur ou du maître spirituel, prêts, sur son ordre, à prendre ou à laisser toutes choses selon qu'il les regarde comme utiles ou nuisibles à notre fin.

L'usage des créatures, fait avec cet esprit d'obéissance, d'indifférence et de résignation, nous donnera sur elles une domination sans dépendance ; et cet usage, agréable à Dieu, nous sera salutaire à nous-mêmes, selon qu'on lit dans l'Écriture : « Tout contribue au bien de ceux qui aiment Dieu (Ép. aux Rom., VIII, 28). »

VI

Les moyens surnaturels sont : la grâce de Dieu, par laquelle on nous appelle et nous sommes enfants de Dieu même ; — les vertus théologales ; — les dons du Saint-Esprit ; — les vertus morales infuses ; — les sacrements ; — les lois divines et humaines ; — les livres des saints pères et des docteurs ; — les prédications de l'Évangile ; — la garde des anges ; — les suffrages et la communion de l'Église ; — le patronage de la bienheureuse Vierge et des saints ; — l'institut religieux, source de nombreux secours pour la vie éternelle ; — les exemples du Christ et des saints ; — les inspirations venues d'en haut ; — les mouvements intérieurs ; — les célestes illuminations et les autres ébranlements du cœur qui ne cessent de nous pousser au bien.

Ces moyens scrupuleusement examinés doivent donner lieu à des actes : 1° d'admiration et de louanges de la bonté divine, qui nous a fourni tant de secours pour atteindre à notre fin ; 2° de douleur et de honte pour l'abus que nous avons fait de ces richesses, ou pour notre négligence à en user dans l'intérêt de notre salut : nous verrons, en y réfléchissant, combien nous sommes indignes de toute excuse. 3° Une autre conséquence, c'est la nécessité de prendre la ferme résolution de s'attacher à ces secours, et d'en faire usage selon qu'il plaît à la volonté divine.

Gardons-nous du découragement, si nous n'obtenons pas aussitôt ce que nous cherchons avec ardeur; mais, pour le tout, sachons nous en remettre à Dieu, qui nous exaucera en temps opportun.

VII

Dieu étant notre centre et la fin à laquelle nous devons tendre sans relâche, il faut considérer d'abord quel il est : — c'est-à-dire un Esprit, un acte pur, dont l'essence est sans bornes, sans limites, immense, infinie, immuable, indépendante, incompréhen-

sible, partout présente, se suffisant à
elle-même, n'ayant ni commencement
ni fin, souverainement puissante, souverainement parfaite et simple, pos-
sédant toutes les vertus, embrassant
tout de ses regards; Esprit qui, parfaitement heureux en lui-même, et
n'ayant nul besoin de notre bonheur,
mû par sa bonté seule, s'est souvenu
de nous dans l'éternité, et nous a fait
passer du néant à l'être dans le temps,
pour que nous participions à sa gloire
et à sa félicité. Qui donc n'aimerait
pas de toutes les forces de son âme,
n'adorerait pas, n'admirerait pas la
clémence et la bonté de l'auteur de si
grandes largesses?

Si un roi de la terre nous avait
donné quelque province, pourrait-on
interdire ses louanges à notre bouche,

sa mémoire à notre cœur? Combien sa libéralité ne serait-elle pas exaltée par notre reconnaissance ? Eh bien! Dieu nous a donné et le monde entier, et lui-même, et tout ce qui lui appartient.

Considérons encore que nous sommes, par rapport à Dieu, comme si nous n'étions pas : nulle est notre substance, nulle notre puissance, nuls nos mérites, nulles nos œuvres ; car tout ce que nous sommes, tout ce que nous pouvons, tout ce que nous avons vient de Dieu. Que si nous avons tout reçu, pourquoi nous glorifier comme si nous ne tenions rien que de nous-mêmes? ou pourquoi sommes-nous sensibles aux injures, tourmentés par les événements, désolés par les malheurs, si nous ne pouvons rien, si nous ne sommes rien, si rien n'est à nous? L'homme qui n'est rien à ses propres yeux ne ressent aucune injure, ne peut éprouver aucune adversité, être atteint d'aucune perte, d'aucun déshonneur.

Ainsi donc, appréciant sans relâche notre néant, ne cessons point de porter nos regards vers Dieu, source de tous les éléments qui nous constituent. Hâtons vers lui nos pas, comme l'eau des fleuves court incessamment vers la mer, comme les corps légers s'élèvent, comme les corps graves tombent par une loi que rien n'arrête, par un mouvement qui ne s'interrompt jamais. Il est notre centre, et le lieu de notre repos, et notre récompense grande à l'excès. «Craignez Dieu et observez ses commandements, dit le Sage, car c'est là le tout de l'homme (Eccl., xii, 13). » Si c'est le tout de l'homme, le tout de l'homme assurément ne sera rien sans cela.

DEUXIÈME MÉDITATION.

DES OBSTACLES

QUI NOUS FONT DÉVIER DE CETTE FIN.

I

Quoique nous connaissions tous la fin pour laquelle nous avons été créés et le but où nous devons tendre, de si nombreux obstacles cependant nous empêchent d'aller droit à cette fin, qu'il est rare de trouver un homme qui s'en occupe sérieusement, et qui marche par une vie sainte là où il reconnaît qu'il faut se hâter de parvenir; car nous avons tous erré comme des brebis, chacun s'est écarté de sa voie. Considérons l'état de notre âme, et nous la trouverons coupable d'innombrables péchés qui s'opposent directement à notre fin dernière. Même dans l'état de grâce, quelle misère est la nôtre! que de faiblesses!

Imaginons un homme aux mains débiles, aux pieds malades, travaillé de vertiges, à la garde duquel est confiée une liqueur du plus grand prix, qu'il faut porter dans un vase fragile à travers des lieux escarpés, pleins de rochers abruptes, d'âpres buissons, et d'une foule tumultueuse et compacte d'hommes qui se poussent de toutes parts. Telle est notre condition, tant que nous portons en nous, vases d'argile, l'incomparable trésor de la grâce divine; aussi pouvons-nous avec l'Apôtre gémir et nous écrier : « Malheureux homme que je suis! qui me délivrera de ce corps de mort (Ép. aux Rom. vii, 24)?»

Nous avons, d'ailleurs, à combattre d'innombrables ennemis intérieurs et extérieurs, qui semblent tous avoir conspiré contre l'âme pour la détourner du droit sentier. Les ennemis intérieurs, ce sont : l'aiguillon du péché, les mauvais penchants, les affections vicieuses, les habitudes criminelles, les opinions perverses, les sens extérieurs, l'inconstance du cœur, les égarements d'une imagination sans frein. Les ennemis extérieurs, ce sont : les démons, toujours actifs à notre perte; les hommes qui nous poussent au mal par leurs mauvais exemples et leurs exhortations; toutes les créatures qui, faisant sur nous des impressions funestes, ou nous séduisent par leur charme, ou nous accablent de cuisants chagrins. Dieu lui-même nous ravit parfois la joie sensible du cœur, et, par un jugement équitable, permet que nous soyons en proie à une foule de scrupules, d'ennuis et de tentations.

II

L'âme doit donc être excitée à combattre et à écarter les obstacles de cette espèce, et la sagesse présider à l'usage des choses créées ; il faut résister vigoureusement aux démons, ne pas s'inquiéter des hommes, ou les vaincre par la patience ; quant à ce que la nécessité impose et qu'il est impossible d'écarter, attachons-nous à le retrancher, à l'atténuer avec prudence en supprimant tout plaisir qui séduit les sens. La volonté divine doit trouver dans la nôtre une soumission patiente et pleine d'abandon ; car nous savons que Dieu est à la fois père et médecin et qu'il met à profit les tentations, pourvu que nous sachions y résister.

Est-il quelques péchés dont le charme trop puissant nous inquiète, il sera bon d'en dresser le catalogue, afin que chaque mois on prenne à partie chacun d'eux dans une lutte particulière, et que par cette attention spéciale on vienne à bout d'en triompher. Or nous devons retrancher toutes les superfluités, en nous conservant dans la simplicité, la sobriété, la pauvreté ; nous devons même, à

l'égard de ces choses qui sont nécessaires pour le soutien de l'existence,
en user avec une extrême réserve et
sans aucun attachement du cœur,
pour qu'elles ne nous empêchent en
aucune façon d'atteindre à notre fin.
Nous ne devons d'ailleurs rejeter aucune faute sur les créatures, ni accuser les démons comme nous détour-
nant de notre fin par leurs séductions
et leurs tentations, car toute perdition
est notre œuvre. « La vie et la mort,
le bien et le mal sont devant l'homme :
ce qu'il aura choisi lui sera donné
(L'ECCLÉSIASTIQUE, XV, 18). »

III

Maintenant, pour traiter le sujet de
plus près, il faut examiner quels sont

les empêchements particuliers et plus spéciaux qui nous éloignent de notre fin. En voici l'énumération :

Ne pas envisager notre propre fin; — n'assigner aucun but à nos actions; — nous attacher avec trop d'ardeur aux choses créées, et nous empresser pour nos propres intérêts; — prendre trop de plaisir à manger, à dormir, à causer, à dire des bons mots et des bouffonneries, sans aucun sentiment des choses spirituelles; — se laisser entraîner par les opinions du vulgaire et par le respect humain, en écoutant la voix du peuple plutôt que celle de Dieu, en estimant honnête ou honteux non ce qui l'est en effet, mais ce qui paraît tel à la multitude; — montrer de l'inconstance dans son goût pour les vertus, et suivre l'impulsion de tous les vents ; — avoir pour les choses extérieures trop d'abandon, et négliger les exercices intérieurs ; — faire toutes nos œuvres par habitude plutôt que par affection intime ; — avoir en vue, en les faisant, leur multiplicité bien plutôt que leur rectitude ; — ne pas être attentif aux mouvements intérieurs, aux inspirations et à la présence de Dieu.

Ces obstacles et d'autres du même genre, sachons entièrement nous en débarrasser par une conduite et des actes opposés ; à l'exemple des agriculteurs qui, pour nettoyer leurs champs, ne se contentent pas d'y couper les herbes nuisibles, mais s'efforcent encore d'en arracher jusqu'aux moindres racines, pour empêcher qu'elles ne se propagent. De notre âme enfin doivent jaillir des actes d'humilité, de confusion, de douleur et de crainte; et comme tout ce que nous sommes vient de Dieu, il faut le supplier humblement de nous fortifier pour le combat, et de nous accorder la grâce de marcher, par le droit sentier, vers Lui, qui est notre fin et notre récompense d'une incomparable grandeur.

T

p
not
fléc
sur
pas
et
di
se

pé
fau
tio

TROISIÈME MÉDITATION.

DES PÉCHÉS.

I

Puisque rien n'est plus contraire à notre fin que le péché, il faut bien réfléchir sur sa malice, sur sa gravité, sur sa laideur, afin de remédier au passé par une satisfaction convenable, et de nous abstenir (grâce à la faveur divine) de toute faute et dans le présent et dans l'avenir.

Les anges ont commis le premier péché dans le ciel, et, à cet égard, il faut entrer dans quelques considérations.

La première a pour objet l'état de l'ange avant son péché; combien nombreux étaient les dons de la nature et de la grâce qui l'ornaient; comment Dieu l'avait créé pur, immortel, intelligent, libre, sage, citoyen du paradis et capable de voir l'Être souverain.

La seconde montre toute l'ingratitude dont se rendirent coupables envers Dieu les anges rebelles qui, abusant de leur liberté, réunirent toutes leurs forces pour outrager celui auquel ils étaient, à tant de titres, tenus d'obéir.

La troisième révèle toute la haine dont Dieu poursuit le péché, puisque, pour en punir des natures si sublimes, il les a livrées éternellement à des supplices éternels.

La quatrième dévoile quel mal envahissant, quelle peste affreuse est le péché, puisque ces natures immortelles, ornées de qualités si remarquables, en furent à peine atteintes qu'elles perdirent misérablement toute leur beauté.

La cinquième est un retour sur nous-mêmes. Comparons la nature des anges avec la nôtre, leur dignité avec notre bassesse, leur faute unique avec la multitude de nos péchés; alors nous admirerons la bonté infinie de Dieu, qui condamna les anges pour un seul péché aux feux éternels, et qui nous attend patiemment, nous coupables de crimes sans nombre; de ce Dieu, qui laissa leur malheur sans remède, et qui, par le sang de son Fils, nous a rachetés, nous, de la mort éternelle, a établi pour nous les sacrements, et nous a fourni encore d'autres moyens de salut.

De ces considérations naîtront la honte et la douleur.

On procédera de la même manière dans l'appréciation du second péché, commis dans le paradis par notre premier père, et qui fut en quelque sorte la racine-mère des fautes, des misères et des punitions de cette vie. Puis on rappellera dans sa mémoire combien fut longue et rude la pénitence que firent Adam et Ève pour leur péché : exemple qui doit nous exciter à faire une pénitence bien réelle pour les nôtres beaucoup plus nombreux et plus graves. Ah ! si Dieu arrachait aux supplices de l'enfer une des âmes damnées et lui permettait

de faire pénitence, quelle ferveur elle
apporterait au service de son Créateur!
Faisons de même, nous que Dieu a tant
de fois préservés de ces peines par un
aussi grand bienfait que s'il délivrait
les damnés de leurs tourments.

II

Telle est la malice du péché, qu'en
lui sont contenus tous les genres de
maux. Ce sont des maux que la pauvreté, la douleur, la servitude, la maladie et la mort, et tous sont les fruits
du péché; car il dépouille l'âme des
trésors de la grâce divine, il déchire
la conscience par les aiguillons du remords, il asservit l'homme à ses mauvais penchants et le rend esclave du
démon; il sépare de Dieu, qui est la

vie de l'âme; et l'âme même, il la tue misérablement; il confond, il renverse, il détruit tout; par lui le pécheur est digne du dernier supplice, et son crime encourt deux punitions : il est éternellement privé de voir Dieu, et les flammes les plus ardentes le font éternellement souffrir.

La gravité du péché doit être examinée sous plusieurs rapports :

1° Du côté de Dieu qu'il offense. La grandeur et la perfection de Dieu étant infinies, le péché est pour lui une injure infinie. Dieu est le souverain bien : en le méprisant, nous plaçons notre bonheur dans les choses passagères, ce qui est une espèce d'idolâtrie et d'athéisme. Il est pour nous Père, Époux, Prince et Seigneur; en l'offensant, nous nous rendons

coupables envers lui de parricide,
d'adultère, de rébellion, de perfidie à
un degré vraiment intolérable. « Est-
ce ainsi que vous témoignez votre reconnaissance envers le Seigneur, peuple fou et insensé? N'est-ce pas lui qui
est votre Père, qui vous a possédé
comme son héritage, qui vous a fait
et qui vous a créé? (DEUT., XXXII, 6.)»
La voix de Dieu nous rappelle les
bienfaits qu'il nous a conférés, la vie
éternelle qui nous attend, notre salut
qui doit entièrement nous occuper :
la voix du diable nous invite à nous
perdre infailliblement pour les plaisirs
si vains de la chair et du monde; et,
nous prononçant en faveur du diable
contre Dieu, nous cédons aux sugges-
tions de notre ennemi le plus capital.

2° Il faut voir ensuite quel a été le mobile du péché, car la grandeur de l'injure s'accroît de la légèreté de sa cause. Quelle a donc été la cause de nos péchés? Une faible et honteuse volupté de la chair, une vanité de point d'honneur, un profit des plus minimes, les choses enfin les plus abjectes et qui s'évanouissent comme la fumée.

3° La gravité du péché doit être envisagée sous le rapport de la vileté de l'homme qui le commet, de l'homme qui, poussière et cendre, vapeur qu'un rien dissipe, misérable ver de terre et fumier des plus fétides, s'arroge assez d'audace pour offenser avec la dernière impudence le Monarque suprême. Si un seul homme, qui ne peut nous enlever que la vie temporelle, nous inspire tant de frayeurs, pourquoi ne pas craindre Celui qui peut nous jeter dans les feux de l'enfer?

4° Le péché multiplie ses atteintes : il blesse les anges et les saints dont il rend inutile la protection ; — la sainte Église, vivement affectée d'avoir perdu un fils ; — les infidèles qui, témoins de la mauvaise conduite des chrétiens, y trouvent, dans leur impiété, un sujet d'attaque contre la sainteté de la religion ; — les damnés eux-mêmes dont le supplice est accru par le nombre de leurs compagnons ; — toutes les créatures que le pécheur force à le servir, au mépris du Créateur qu'il outrage.

5° Enfin la gravité du péché se reconnaît par la considération et des peines temporelles et des peines éternelles qu'il encourt, et de celles qu'a supportées, pour nous en affranchir, Jésus-Christ, notre Seigneur et notre Rédempteur.

Après un tel examen, vivement affligés de leur nombre et de leur énormité, nous devons être surpris que la terre nous porte encore; que les anges ne tirent point contre nous leurs glaives, comme exécuteurs de la justice divine; que jusqu'ici le soleil, la lune et les étoiles aient lui pour nous; que contre nous ne se soit point armée toute la création. Il nous reste alors à témoigner à Dieu notre reconnaissance et à nous proposer de mener désormais une vie plus sainte.

III

Connaissant la malice et la gravité du péché, nous devons examiner avec soin notre conscience, et rappeler tous nos péchés à notre mémoire. Pour nous en acquitter plus facilement, il faudra parcourir en esprit toutes les actions, toutes les occupations de notre vie passée, les lieux où nous avons vécu, les places que nous avons remplies; et nous remarquerons scrupuleusement les péchés que, dans chaque âge, dans chaque lieu, dans chaque affaire, nous aurons commis contre les prescriptions de Dieu, de l'Église et de notre propre état. Alors, avec une entière humilité d'âme, nous confesserons toutes nos fautes à Dieu, et à un prêtre, s'il en est besoin, et nous nous accuserons même de nos péchés occultes.

On appelle occultes ceux que l'on a oubliés, ou que l'on ignore à cause de la pénétration nécessaire pour les connaître ; par exemple de secrets mouvements d'orgueil, des jugements téméraires, de mauvaises intentions, des négligences, des omissions ; ou bien encore ceux que l'on a commis par ignorance, ou lorsqu'on était circonvenu par le malin esprit, au point de croire, en les commettant, obéir à la volonté de Dieu.

A l'égard de ces péchés, on s'occupera moins de leur nombre que des rechutes dans les mêmes fautes, de cette tiédeur, de cette langueur dans les habitudes de la vie, de cette facilité aux manquements par indifférence, comme si ce n'étaient que des fautes légères et de peu d'importance.

Ensuite il faudra de même, à l'égard des bonnes œuvres, voir combien elles sont imparfaites, gâtées par l'amour-propre et privées de l'indispensable droiture de l'intention.

Ces considérations terminées, nous ferons un acte de douleur et de contrition; nous déclarerons de notre propre bouche que nous sommes coupables, nous prononcerons contre nous-mêmes la sentence de la damnation éternelle. Mais plus tard, grâce aux dispositions de la clémence divine, nous obtiendrons la commutation des supplices éternels en supplices temporels, en nous offrant à Dieu

pour souffrir ici-bas toutes les afflictions, les injures et les peines, comme
satisfaction que nécessitent nos péchés.

IV

La divine miséricorde à l'égard des
pécheurs est infinie; car 1° elle s'é-
tend à tous les hommes, quels que
soient leur état et leur condition;
2° elle s'étend à tous les péchés, et
quelles que soient leur gravité et leur
énormité, elle est infiniment plus
grande; 3° elle attend toujours les
pécheurs à la pénitence, elle leur
offre et leur accorde le pardon quand
ils le demandent, et elle ne se sou-
vient pas plus des péchés que si les
pécheurs ne les eussent jamais commis.

Or, il faut voir ce que faisait pour nous la clémence de Dieu, alors que nous provoquions son courroux par des crimes sans nombre : elle ouvrait les trésors de sa bonté, de sa patience, de sa longanimité, à des vases de colère. Elle ne nous a pas punis, en effet, lorsque tant d'autres, pour des fautes bien moindres, étaient très-sévèrement châtiés. Non-seulement elle ne nous a pas punis, mais dans le même temps elle nous est venue en aide, nous a conservés, s'est montrée prodigue de bienfaits dont nous avons, nous impies, porté l'abus jusqu'à l'offenser ; et quand nous nous obstinions à fuir Dieu, il semble n'avoir eu rien à cœur comme de nous rappeler à lui, de nous regagner, de nous retirer de la voie de perdition.

Attachons-nous donc de toutes les forces de l'amour à un si rare bienfaiteur, et prions-le de nous donner par sa grâce un tel ressentiment de nos fautes, que de notre douleur et de notre repentir naissent ces fruits justement dus à la pure et vraie résipiscence. Or, voici quèls sont ces fruits : une douleur habituelle, c'est-à-dire une habitude de tristesse à l'occasion de ses péchés, chaque fois que l'un d'eux s'offre à l'esprit; la crainte de pécher de nouveau et les précautions de la dernière vigilance pour s'en abstenir; la fuite des occasions et la satisfaction, le mépris de soi et l'amour de Dieu.

V

De là, comme conséquence, nécessité de pleurs et de sanglots abon-
dants ; car si l'on réunissait toutes
ensemble les larmes que chaque mortel versa jamais pour la perte de ce
qu'il avait de plus cher ou pour d'autres motifs, et qu'on y ajoutât celles
de tous les saints et de la très-heu-
reuse Vierge Marie ; bien plus, si
quelqu'un pouvait répandre assez de
pleurs pour qu'ils fussent plus consi-
dérables que les eaux des fontaines,
des fleuves et des mers, cette effusion
de larmes ne suffirait pas à pleurer un
seul péché mortel, parce que rien de
fini n'est suffisant pour un Dieu infini.
Quels que soient donc le peu de va-

leur et le petit nombre de nos larmes, il faut les mêler aux larmes des saints et de la Vierge Bienheureuse, plus nombreuses et du plus grand prix ; il faut les offrir à Jésus-Christ, notre Seigneur, pour que lui-même les offre toutes à son Père avec les siennes qui sont d'un prix infini, et que par leur efficace nos crimes soient effacés. Puis notre tristesse et notre affliction doivent avoir pour objet, premièrement : l'ensemble de nos péchés mortels, et chacun d'eux en particulier ; ensuite les péchés véniels, les mauvaises habitudes et les autres sources de nos fautes, et les péchés que nous ignorons, les péchés occultes ; arrivés à ce point, notre douleur doit être telle, qu'elle engendre en nous le mépris de nous-mêmes, que nous désirions être réputés pour rien, que nous souhaitions souffrir toutes les incommodités, que nous bravions de grand cœur toutes les adversités. Mais, comme ces larmes sont un don spécial de Dieu, c'est par une humble et fervente oraison qu'il faut les lui demander.

QU

L.
men
que
âme
les p
l'ég
au
l'bo
roe
glac
dans
nière

QUATRIÈME MÉDITATION.

DE LA MORT.

I

Le souvenir de nos derniers moments nous fait connaître le danger que nous courons; il fait passer nos âmes du crime à la vertu, et ramène les pécheurs des dernières limites de l'égarement dans le sentier qui mène au ciel. Telle est son efficace, que l'homme le plus barbare, le plus féroce, peut en être frappé d'horreur et glacé d'épouvante : « Souvenez-vous dans toutes vos actions de votre dernière fin, dit le Sage, et vous ne pé cherez jamais (L'ECCLÉSIASTIQUE, VII, 40). » En effet, s'il considère avec attention que la vie est incertaine et qu'à tout moment nous sommes aux portes de l'éternité, qui pourra induire son âme au péché? Est-il un voleur qui osât toucher au bien d'autrui, sous les yeux du juge prêt à punir le crime aussitôt qu'il serait commis? Est-il un criminel assez endurci pour ne pas s'arrêter dans son attentat, à la vue d'une croix qui se dresse, d'une épée qui brille, d'un bûcher qui s'allume? Où trouver un homme assez insensé pour s'exposer, dans l'espoir de gagner un sou, à perdre cent pièces d'or? Et cependant, combien d'hommes plus insensés, plus opiniâtres! Incapables de se promettre avec certitude une heure de vie, ils ne craignent pas de se souiller d'un crime capital sous le regard du Juge suprême, qui peut à l'instant les condamner à des peines éternelles et les exclure à jamais du royaume des célestes béatitudes. C'est donc à bon droit que Moïse s'écrie : « Race sans conseil et sans prudence, que n'ouvrent-ils les yeux! que ne comprennent-ils! que ne prévoient-ils la fin ! (DEUT. XXXII, 28, 29.) »

Il viendra enfin un jour, ou plutôt une nuit où Dieu écrira de son doigt tout-puissant, sur la paroi de notre conscience, comme autrefois au festin de Balthasar : « *Mané, Thécel, Pharès* (DANIEL, V, 25).» *Mané :* Dieu a compté tes jours et il les a accomplis. *Thécel :* Tu as été mis dans la balance, et, tes œuvres pesées avec soin, tu as été trouvé trop léger. *Pharès :* Ton royaume est divisé, c'est-à-dire ton corps et ton âme; l'un a été donné aux vers, l'autre aux démons. Oh! que de frayeurs et d'angoisses seront notre partage! Quel désespoir accablera notre âme! Occupés donc sans cesse de la pensée de la mort, réglons de telle sorte notre conduite, que nos œuvres soient trouvées pleines au tribunal de Dieu, et que nous méritions le bonheur de la patrie éternelle.

II

Le souvenir de la mort est très-salutaire; car, premièrement, il frappe de crainte, parce que nous ne savons pas où, quand, comment et en quel état nous mourrons : or, un pas-

sage environné de tant de périls est
à bon droit redoutable. Ensuite ce
souvenir secoue la torpeur, éloigne
du péché, provoque à la pénitence,
anéantit les désirs de la chair, inspire
l'amour de Dieu. Les anciens philo-
sophes disaient que la vraie sagesse
consiste dans la méditation de la mort ;
car la plus élevée et la plus certaine
des philosophies enseigne à mépriser
ce qui est périssable et à soupirer
après ce qui est éternel. Ce ne sont
pas de vrais biens que ceux que
l'homme ne peut porter avec lui : au
moment de sa mort, il n'est suivi que
par ce qu'il a fait de bien ou de mal
dans le cours de sa carrière.

Aussi le souvenir de la mort donne-
t-il une gaieté à laquelle beaucoup ne
croient point. Ils ne savent pas que,

-7

pour les gens de bien, la vie est une souffrance, la mort un désir. Et pourquoi ne pas nous réjouir quand il nous sera permis de clore cette vie de misères, et de voir le jour qu'aucune nuit ne finira? C'est folie que de vouloir qu'on nous arrache de notre prison plutôt que de nous en faire librement sortir. Le riche de l'Évangile, qui croyait avoir beaucoup de biens amassés pour beaucoup de jours, entendit soudain Dieu qui lui dit : « Insensé, cette nuit même on va te redemander ton âme, et pour qui sera ce que tu as amassé? (S. Luc xii, 20.) » Il ne faut donc pas se glorifier du lendemain, dans l'ignorance où nous sommes de ce qu'il enfantera.

Une mort imprévue surprend toujours. S'il était un homme qui sût avec certitude qu'il n'a plus qu'un jour à vivre, que, ce jour une fois écoulé, il lui faudra mourir, ne ferait-il pas tous ses efforts pour consacrer entièrement un temps si court à remplir tous les devoirs que prescrit la vertu? Ne s'abstiendrait-il pas avec soin de toute faute, même de la plus minime? Eh! qui de nous a pu se flatter d'un seul jour, se flatter même d'une heure de vie?

III

La mort a trois caractères qui lui sont propres. Le premier, c'est qu'elle est très-certaine, et que personne ne peut lui échapper dans le temps que Dieu a marqué d'avance. Lui-même a établi, de toute éternité, à notre existence, des limites qui ne pourront être franchies; et comme nous sommes entrés dans la lumière, au jour et à l'heure que Dieu a voulu, non plus tôt, nous en sortirons de même, au jour et à l'heure qu'il lui plaira, non plus tard; et cela pour que nous comprenions que chaque journée de notre vie est un don de la grâce de Dieu, dans les mains duquel sont tous nos moments.

Le second caractère est que, relativement au jour, au lieu, au mode, la mort est très-incertaine. Elle saisit les uns dans leur sommeil, les autres dans leurs entretiens, d'autres dans leurs promenades; il en est qui s'éteignent à la suite d'une longue consomption, d'autres sont enlevés par une courte maladie; quelques-uns meurent par le fer, quelques autres par le poison, quelques-uns en état de grâce, quelques autres au milieu de leurs péchés ; et pas un ne peut avoir un instant de sécurité, ni se vanter que la vie lui appartient. Un moment nous enlève, et quel moment ? Le moment inévitable d'où dépend l'éternité. Veiller est donc un devoir, puisque nous ignorons le jour et l'heure.

Le troisième caractère de la mort, c'est qu'on la subit une seule fois et sans retour, comme dit l'Apôtre : « Il est arrêté que les hommes meurent une fois (ÉP. AUX HÉB. IX, 27). » Il suit de là que l'erreur la plus grande, celle qui cause notre perte par une mort criminelle, n'a cependant pas de remède dans toute l'éternité : « Si l'arbre tombe au midi ou au septentrion, en quelque lieu qu'il sera tombé, il y demeurera (L'ECCL. XI, 3). » En conséquence, que chacun s'examine et se dise : Si présentement Dieu me tranchait dans ma racine, de quel côté tomberais-je? Et quand il aura vu qu'il penche vers le septentrion de l'enfer, qu'il prenne fermement la résolution de pratiquer une fructueuse pénitence et d'assurer la justice de sa cause.

IV

Nous serons horriblement torturés, à l'article de la mort, par le souvenir des péchés de notre vie tout entière; ils paraîtront dans toute leur gravité, et leur troupe réunie se précipitera sur nous. Notre conscience sera déchirée par les négligences multipliées, par la tiédeur dans le service de Dieu, par l'oisiveté dans laquelle s'est passé le temps, par les occasions de bonnes œuvres négligées par insouciance. Nous nous repentirons vivement de ne nous être pas consacrés à la prière, à l'abnégation, à l'étude. Nous désirerons alors une de ces heures qui se consument aujourd'hui dans l'oisiveté; mais elle nous sera refusée. Le ver rongeur de la mauvaise conscience fera son œuvre; accablés de la crainte des sévérités divines, nous serons poignés de notre incertitude sur notre salut; le démon nous apparaîtra visiblement, ou, se tenant invisible, il accroîtra nos terreurs, sachant le peu de temps qui lui reste; il excitera dans notre âme des mouvements de désespoir; il dira : « Si le juste même se sauve avec tant de peine, que deviendront les impies et les pécheurs (Ép. de S. Pierre, iv, 18)? » Ou du moins il conseillera une confiance excessive, une coupable présomption, et nous attaquera par ces autres tentations sans nombre qui étaient précédemment les principaux mobiles de nos contentements et de nos chutes.

Que si présentement, sains, bien portants, aidés d'une foule de secours, nous avons peine à résister aux tentations d'un seul esprit infernal, comment pourrons-nous alors, sous le poids de tant de calamités, soutenir le choc impétueux de tant d'ennemis? Nous reconnaîtrons, mais bien tard, combien étaient honteux et horribles les crimes que nous avons si facilement commis. Alors nous maudirons ces voluptés dont le charme séduisant causa nos fautes. Alors nous traiterons de vanité ce qu'aujourd'hui nous croyons être la sagesse, et nous reconnaîtrons, au contraire, que la sagesse est ce qu'aujourd'hui nous estimons folie. Oui, la vraie sagesse est de faire à présent ce qu'alors nous voudrions avoir fait. Qui vit saintement meurt saintement; qui vit dans le crime finit également dans le crime.

V

D'après l'Esprit-Saint, le souvenir de la mort est plein d'amertume pour l'homme qui met sa paix dans les biens de ce monde. En effet, au moment de la mort il faut tout quitter : richesses, dignités, offices, voluptés, tout ce qu'on possède ; et plus nous aurons été riches de ces biens, plus nous serons affligés de nous en séparer, surtout s'il en est que nous aimions démesurément et dont la possession soit un remords pour notre conscience. Alors s'accomplira ce qui est dit du pécheur dans le livre de Job : « Le pain qu'il mange se corrompra dans son estomac, et se changera, dans ses entrailles, en un fiel d'aspic. Il rejettera les richesses qu'il avait dévorées, et Dieu les arrachera par force de son estomac (Job, xx, 14, 15). »

Ensuite il faut nous séparer de nos parents, de nos frères, de nos amis ;

séparation des plus amères, car on ne quitte pas sans douleur ce qu'on possède avec amour.

Mais le comble de notre affliction, c'est qu'à la même heure il nous faudra quitter un corps auquel nous sommes liés d'une vieille et bien étroite amitié; il faudra quitter le monde et tout ce qui est du monde, sans aucun espoir d'y revenir jamais, d'en rien revoir, rien entendre, rien goûter, rien toucher.

Une crainte, d'ailleurs, nous fera éprouver ses tourments, la crainte d'avoir des comptes à rendre, d'avoir à subir bientôt après la mort un jugement sévère; ajoutez l'ignorance de la sentence définitive et irrévocable qui sera portée dans l'affaire de notre salut; car la culpabilité est constante, la vérité du repentir ne l'est point.

Ainsi donc, pour attendre la mort avec sécurité, pour la recevoir avec joie, ayons recours aux mortifications, efforçons-nous d'extirper, à leur moyen, toute affection désordonnée pour les créatures, afin que nous soyons capables de les quitter sans nous en apercevoir. Dès lors nécessité d'examiner d'avance les principaux motifs de nos troubles, et d'y apporter un remède efficace. Il n'est pas permis, il n'est pas sûr de vivre même un seul moment dans l'état où nous ne voudrions pas mourir.

Enfin mettons-nous devant les yeux Jésus crucifié, au moment de rendre le dernier soupir; et, dans un entretien fervent, demandons-lui qu'à l'heure de la mort il daigne avoir pitié de nous.

VI

Jusqu'ici nos considérations n'ont porté que sur tout ce qui précède la mort elle-même ; elles semblent le prélude de cette lamentable tragédie dont nous craignons le dénoûment ; mais quand sonnera la dernière heure, quelles seront nos anxiétés et nos angoisses !

On placera devant nous l'image du Sauveur en croix, que nous avons dédaigné d'imiter, ou que nous avons imité avec assez de tiédeur. On nous mettra dans la main un cierge allumé, indice des biens que nous n'eûmes jamais. La voix des assistants retentira à nos oreilles : — Si vous ne pouvez, diront-ils, invoquer Dieu de bouche, du moins faites-le de cœur.—Oh! quel sera dans ce moment l'accablement de l'âme qui n'aura point de consolateur! Elle ne trouvera rien qui la protége. Qu'elle lève les yeux, elle verra le glaive de la justice divine prêt à frapper; qu'elle les abaisse, elle apercevra le sépulcre ouvert; au dedans, elle sentira le ver rongeur de la conscience; au dehors, elle verra des amis et des parents dans l'impuissance d'adoucir son mal ou de prolonger sa vie; elle verra les démons en foule prêts à la dévorer; derrière elle apparaîtront toutes ces choses de la terre dans lesquelles elle avait placé sa confiance; devant elle se présenteront l'enfer béant et les supplices des damnés.

Alors, étonnée du rapide passage des choses de ce monde, elle envisagera cet avenir imminent dont la durée sera sans fin. L'infortunée ! elle voudrait, certes, se fuir elle-même, se dérober au malheur présent ; mais elle reconnaîtra son impuissance, elle en gémira, et jugera combien elle fut insensée d'avoir, pour un instant rapide, perdu l'éternité.

Déjà, cependant, se précipitent les accidents derniers, unis à la mort elle-même : le front s'endurcit, les yeux se ferment, les oreilles deviennent sourdes, le nez s'amincit, la face est livide, la bouche se contracte, la langue se tait ; plus de goût, des lèvres pâles, des ongles noirs, des mains froides, un pouls qui s'arrête, une poitrine qui palpite, un gosier rauque et haletant; les sens s'éteignent, tous les membres se roidissent, la chair se putréfie, la vie se retire, l'homme finit, et en un clin d'œil toute sa gloire est évanouie. Alors tous les spectateurs de ses derniers moments, debout devant cet homme qui meurt : — Est-ce donc là, diront-ils, ce noble, ce lettré, ce savant, ce titulaire de tant de charges, élevé à tant de hautes dignités? Toutes ses grandeurs ont disparu; leur vanité proverbiale sera la fable de toutes les nations. — C'est le comble de la folie que de ne pas sérieusement entrer dans ces considérations, tandis qu'il est temps de pourvoir à son avenir.

VII

Voilà le terme où tu viendras,
homme misérable, et où se briseront
les flots de ton orgueil. Dès lors, ta
vue sera insensible à toute beauté,
ton ouïe à l'harmonie de la voix, à la
musique des symphonies, ton odorat
aux senteurs les plus embaumées, ton
goût aux mets les plus délicieux, ton
toucher aux objets de la douceur la
plus délicate La pensée a déjà cessé
de forger des vanités, la mémoire
laisse échapper le souvenir de ce qui
a le plus charmé, le cœur ne connaît
plus l'ardeur des désirs immodérés.
Il n'est resté qu'un corps pâle, in-
forme, horrible, exhalant une odeur
intolérable, de sorte que l'abandon est

général, et que le père est en horreur à son fils, l'époux à son épouse, l'ami à son ami. Puis, enveloppé dans un drap sans valeur, le cadavre est mis dans une bière, et, à cause de son odeur pestilentielle, porté le plus vite possible à la sépulture.

Là il aura pour lit la terre, du fumier pour tapis, de la poussière pour couverture, et sur tout son corps des vers qui, peu à peu, consumeront sa chair. Chair malheureuse, rassasie-toi maintenant de cette terre qui fut toujours l'objet de tes vœux et que tu préféras au ciel; rassasie-toi de la terre, car tu as aimé la terre et tu iras dans la terre.

Quant à l'âme, arrachée du corps, elle entrera dans cette région qu'elle n'a jamais vue, et n'aura avec elle

que ses œuvres, bonnes ou mauvaises.

Ainsi le corps et l'âme allant chacun en son lieu, l'homme est livré
à l'oubli, et peu de jours suffisent
pour que sa mémoire se perde,
comme s'il ne fût jamais venu au
monde. Ces glorieuses généalogies,
cette noblesse reçue d'une longue
suite d'ancêtres lui seront inutiles;
car « quelle utilité retirerez-vous de
ma mort, lorsque je descendrai dans
la pourriture du tombeau (Ps. xxix,
11)? » Inutiles la grâce et la beauté du
corps; car « la grâce est trompeuse
et la beauté est vaine (Prov. xxxi,
30). » Inutiles les grands biens et les
richesses entassées, car « lorsqu'il
sera mort, il n'emportera point tous
ses biens, et sa gloire ne descendra

pas avec lui (Ps. XLVIII, 18). » Une vie conforme à la vertu est donc l'unique sujet de consolation dans cette attente de misères ; il n'y a qu'elle, en effet, qui prépare à la glorieuse résurrection du corps et à l'entrée dans la vie éternelle [1].

[1] Dans l'éloquent sermon *pour le jour des morts* (AVENT), Massillon semble s'être inspiré de cette *Méditation* qu'il a dû connaître.

CINQUIÈME MÉDITATION.

DU JUGEMENT PARTICULIER.

I

La mort de l'homme est suivie d'un jugement secret et particulier, où chacun doit déclarer l'usage qu'il a fait de son corps, tous ses actes bons ou mauvais ; car « il est arrêté que les hommes meurent une fois, et qu'ensuite ils seront jugés (Ép. aux Héb., ix, 27). » Or l'époque de ce jugement est cet instant, ce moment où l'âme quitte le corps.

Dès qu'arrive ce moment unique, le tribunal est constitué, l'accusation est portée, la cause instruite, la sentence rendue et l'exécution ordonnée. De ce moment dépendra notre damnation ou notre salut éternel : moment tout à fait incertain, que nous devons chaque jour, l'âme bien préparée et non moins pleine d'inquiétude, craindre, méditer, attendre.

Quant au lieu du jugement, ce sera celui-là même où chacun rendra le dernier soupir. Comme le Juge, en effet, est présent partout, partout il a son tribunal, sur la terre et sur la mer, dans les maisons et sur les places publiques, afin que, par cela même nous suspections tous les lieux, et que, dans tous, nous ayons une crainte respectueuse imposée par la présence de Dieu.

Puisque c'est au lit que l'on meurt

le plus souvent, une fois couchés, re-
présentons-nous en esprit Dieu assis
sur son trône pour nous juger : à
cette pensée, une grande crainte et le
plus chaste honneur seront à nos cô-
tés, dans ce lit que nous arroserons
chaque nuit de nos larmes, et où nous
attendrons dans la frayeur la dernière sentence.

II

Devant ce tribunal paraîtra l'âme en
qualité d'accusée, l'âme dépouillée de
son corps et de toutes les choses visi-
bles, abandonnée de ses parents et de
ses amis.

Même solitude pour l'âme d'un roi
et celle d'un paysan, d'un riche et
d'un pauvre, d'un savant et d'un idiot.

D'où l'on doit comprendre combien il est insensé de rechercher avec empressement ce qui peut souvent nuire à l'âme, et qui ne lui sert jamais dans ce moment suprême.

Il est vrai qu'elle ne perd pas ses connaissances acquises ; toutefois il ne lui sera tenu compte que de ses œuvres. Elle n'apportera qu'elles devant son Juge, il ne lui sera permis d'entrer qu'avec elles seules dans l'austère tribunal ; de sorte que, si elles ont été bonnes, l'âme soit emportée dans les régions du salut, et que, si elles ont été criminelles, l'âme soit précipitée dans les enfers.

Dieu lui-même sera le juge ; et, comme sa science est infinie, il ne pourra se tromper dans ses jugements ; comme son équité est parfaite, il ne pourra dévier de la justice; comme sa puissance est sans bornes, personne ne pourra résister à ses arrêts; comme il est juge suprême, il ne sera possible à personne d'appeler de sa puissance.

III

Il y aura trois accusateurs.

Le premier c'est le démon, que saint Jean appelle l'accusateur de nos frères, et dont l'office est de les accuser devant Dieu nuit et jour. Lui-même dénoncera tous les crimes commis à son instigation, et il y ajoutera des accusations sans fondement, nées de simples soupçons, soit que sa malice et sa colère l'aveuglent, soit que les pensées et les intentions secrètes lui soient inconnues.

Le second accusateur sera la conscience, qui, déposant à l'égal de mille témoins, nous agitera de ses terribles aiguillons.

Le troisième sera l'ange gardien, irrité de l'obstination à repousser ses inspirations et ses conseils. Point d'avocat pour plaider la cause; qu'est-il besoin de défenseur là où l'accusé est manifestement convaincu? O âme digne de pitié, quelles seront tes angoisses à ce tribunal! Hâtons-nous donc de prévenir un jugement par un jugement : expions nos fautes pendant que nous le pouvons; car si nous nous condamnons présentement, alors assurément nous ne serons point condamnés.

IV

L'âme enfin venue devant le plus équitable des juges, l'instruction la plus sévère commencera contre elle.

Et d'abord seront appelés à l'examen tous les péchés commis par pensée, par parole et par action, toutes les négligences et omissions, toutes les circonstances répréhensibles, mêlées aux bonnes œuvres, et c'est pour cela même qu'il a été écrit : « Je jugerai les justices (Ps. LXXIV, 3). » Or, tous ces péchés seront énumérés l'un après l'autre par le Juge prêt à frapper, et qui, dans son courroux, s'enquerra des motifs qui nous les ont fait commettre.

D'autres comptes seront ensuite demandés : l'emploi du corps, des forces, des sens, des talents, des moyens, des sacrements, a-t-il eu de notre part pour objet de le servir, ou de mépriser et de transgresser ses lois? Il examinera scrupuleusement jusqu'à l'intention, jusqu'aux circonstances des bonnes œuvres elles-mêmes, et il « scrutera Jérusalem, la lampe à la main (SOPHONIE, I, 2). »

Alors apparaîtront toutes les pensées intimes, tous les discours et tous les actes, même ceux qui avaient échappé à notre mémoire et que nous ne croyions pas être des péchés. Alors seront également manifestes les actions équitables, les pénitences, les prières, les veilles et bien d'autres choses que l'âme avait oubliées. Alors nous serons dans un profond étonnement, alors nous serons dans les larmes, alors nous serons dans la frayeur : — dans l'étonnement, en voyant avec évidence combien nos œuvres sont différentes de l'estime que nous en faisions autrefois; — dans les larmes, parce que nous avons passé notre vie dans les vanités, parce que nos actions saintes elles-mêmes avaient pour but notre utilité, non le service de Dieu; — dans la frayeur et l'anxiété, parce que nous verrons s'ouvrir la bouche du Juge pour prononcer notre arrêt, et que nous ne saurons pas en quel sens il sera rendu.

V

Ceux qui meurent dans un âge suffisant pour être capables de vice et de vertu, se divisent en trois classes.

Il est des hommes impies et scélérats qui meurent en péché mortel. Chacun d'eux entendra le Juge redoutable prononcer cette sentence : — « Va, maudit, va loin de moi dans ce feu éternel préparé au diable et à ses anges. » — Et dans ce même instant Dieu retirera sa protection à cette âme infortunée, et la privera de tous les biens surnaturels, des grâces accordées gratuitement, des vertus morales et politiques. Si les connaissances acquises par son propre travail lui restent encore, elles accroîtront son supplice, parce qu'elle ne saura pas en faire usage pour son salut. Elle ne gardera même les caractères des sacrements que pour ajouter à ses tourments et à sa confusion ; car les nations étrangères et les autres infidèles lui rappelleront, en l'insultant, qu'établie dans la voie infaillible du salut éternel, elle s'en est écartée par sa propre faute. Alors les anges s'éloigneront en disant : « Nous avons traité Babylone, et elle n'a point été guérie ; abandonnons-la (JÉR. LI, 9). » Le diable alors saisira cette âme et l'emportera, plein de joie, dans l'enfer.

Il est d'autres hommes, saints et parfaits, ardents au service de Dieu ; ils ne sont pas coupables d'une faute qui ait besoin d'expiation lorsqu'ils sortent de cette vie. A l'homme dans cet état le Juge dira de sa voix la plus douce, d'une voix pleine d'amour : — « Viens, ô toi, le bien-aimé de mon Père, et reçois la couronne préparée pour toi depuis l'origine du monde. » — Au même instant, le diable prendra la fuite, et les anges pleins d'allégresse conduiront dans la céleste patrie cette âme bienheureuse.

Parmi ceux qui meurent dans la grâce, il en est qui ont vécu avec tiédeur et négligence. Contre eux d'abord éclatera le courroux du Juge; mais ensuite, leur sentence d'absolution une fois différée, et, sûrs du pardon ultérieur, ils seront jetés dans le feu du purgatoire jusqu'à ce que le temps de leur châtiment expire.

Après avoir pesé ce qui précède,

nous comparerons ces classes entre elles, et nous prendrons la résolution de nous préparer soigneusement à une bonne mort par les œuvres d'une vraie pénitence.

Nous prierons enfin la Vierge Bienheureuse, pour qu'elle daigne nous assister à cette heure suprême.

qu
en
m
ni
m
m
di
ca
Jés
son

SIXIÈME MÉDITATION.

DU JUGEMENT UNIVERSEL.

I

C'est un dogme de la foi catholique, qu'outre le jugement particulier, il en reste un autre à subir, le jugement universel, qui aura lieu le dernier jour du monde, et où publiquement, manifestement, seront jugés en même temps tous les hommes. La divine Sagesse l'a voulu pour de justes causes :

1° Pour l'honneur et la gloire de Jésus-Christ, afin que ceux qui ont vu son humiliation en ce monde, en voient aussi le prix ; et que ceux qui ont rejeté avec mépris le mystère de l'Incarnation, voient le Christ établi juge de tous les hommes ;

2° Pour que la justice de Dieu soit manifestée : dans ce monde, les justes sont accablés de calamités sans nombre, tandis que les impies marchent dans la voie de la prospérité ; il fallait donc qu'il y eût un jugement public, où tous reconnussent combien Dieu fut équitable dans ses arrêts, et combien justement il a permis que le malheur éprouvât en cette vie les gens de bien ;

3° Pour qu'en présence du monde entier, les justes soient comblés d'honneur, et les impies d'opprobre ;

4° Pour que, comme l'âme a été jugée au sortir de cette vie, de même tout homme soit ouvertement jugé, et que le corps, associé à l'âme pour le mérite ou le démérite, partage avec elle les supplices ou les récompenses.

Quant au lieu de ce jugement, ce sera la vallée de Josaphat, près de Jérusalem, afin que le lieu même où Notre-Seigneur a été condamné et crucifié pour nos péchés, soit le tribunal où il jugera les vivants et les morts.

II

Ce jugement sera précédé de signes terribles et formidables, car « Il armera ses créatures pour se venger de ses ennemis, » et « tout l'univers combattra avec lui contre les insensés. » (LA SAG. V, 18 et 21.) Le soleil perdra sa lumière, la lune sera chan-

gée en sang, les étoiles, les comètes
tomberont du ciel comme la foudre,
les vertus des cieux seront ébranlées
et feront entendre un bruit strident,
semblable à celui de l'horloge qui va
frapper l'heure. La terre tremblera,
et, agitée d'horribles commotions, elle
ouvrira ses abîmes. La mer sera bou-
leversée, et les mugissements et
l'étendue de ses flots débordés annon-
ceront à la terre sa destruction. Les
vents, se précipitant l'un sur l'autre,
exciteront des tempêtes épouvantables. Dans l'air, obscurci par de
noires ténèbres, apparaîtront le ton-
nerre, la foudre et de terrifiantes visions. Les animaux courront de toutes
parts, frémissant, hurlant, sifflant de
manière à ajouter à ce grand dé-
sastre. Les hommes sécheront et de

la crainte des malheurs présents et de l'attente des malheurs à venir, selon que le Seigneur les a annoncés, disant : « que l'affliction de ce temps-là sera si grande, qu'il n'y en a point eu de pareille depuis le commencement du monde et qu'il n'y en aura jamais (S. MATTHIEU, XXIV, 21). »

Les puissances angéliques trembleront elles-mêmes de respect et d'admiration, lorsqu'elles verront la sévérité de la justice divine.

Enfin le feu s'enflammera devant le Souverain Juge ; la chaleur dissoudra les éléments, et le vorace incendie, s'élevant des quatre parties du monde, portera partout le ravage avec une merveilleuse célérité. Toutes les villes, tous les palais, tous les trésors, tous les oiseaux et tous les poissons, tous les animaux, et tous les hommes alors existants, tous sans exception seront la proie des flammes. Cet embrasement fera souffrir de cruelles tortures aux impies; il purifiera les justes, si quelque tache souille leur vertu; s'ils n'ont besoin d'aucune expiation, la lumière dont ils seront illuminés accroîtra encore leur amour. Et comme, au temps de Noé, les hommes mangeaient et buvaient, se mariaient et mariaient leurs enfants, alors que soudain vint le déluge, où ils furent tous engloutis; il en sera de même au jour du jugement dernier. Puis, comme au temps de Loth, lorsque les habitants de ces villes maudites y pensaient le moins, Dieu fit pleuvoir du ciel sur eux le feu et le soufre, et les embrasa tous; il en sera

de même au jour du jugement dernier; car au moment où les hommes
ne seront occupés que de noces et
d'affaires, de festins et d'amusements,
un feu soudain s'élèvera, et tous en
seront dévorés; et le nombre des élus
sera petit, celui des damnés immense;
ainsi jadis, seuls, Noé et Loth échap-
pèrent sains et saufs avec quelques-
uns des leurs à la ruine générale.

III

Les hommes ainsi réduits en cendres et les éléments purgés de toute
impureté, la voix de l'archange retentira comme une trompette, et l'on
entendra ces paroles : « Morts, levez-
vous, paraissez devant votre juge. »
A l'instant, en un clin d'œil, au der-

nier son de la trompette (car elle sonnera), et par le ministère des anges,
les cendres de chaque corps seront
rassemblées, et nous ressusciterons
tous par la puissance divine. Les corps
des réprouvés seront fétides, hideux,
et c'est malgré elles, c'est avec rage
qu'y entreront les âmes; elles désire-
ront la mort et la mort les fuira. — La
résurrection des justes, au contraire,
ne sera que la sortie du plus délicieux
sommeil; ainsi réveillés, ces corps
bienheureux seront brillants comme
le soleil; ils voleront dans l'air au-
devant du Christ, qui ne les regardera
pas en juge, mais avec les yeux les
plus doux du plus bienveillant des
pères. O combien seront joyeuses les
âmes des élus à leur retour dans leurs
corps glorieux! Que de bénédictions

dans leurs félicitations mutuelles ! Cette réunion de l'âme et du corps pourrait passer seule pour un prix suffisant de tous les travaux. Aussi, après avoir comparé le sort des bons et celui des méchants, essaierons-nous de soumettre notre corps aux jeûnes, aux veilles et à toutes les afflictions de la pénitence, pour qu'il jouisse enfin du bonheur de ressusciter à la vie éternelle.

Ensuite Jésus-Christ descendra du ciel comme un juge plein de gloire et de majesté ; son aspect sera de la plus grande douceur pour les bons, mais si terrible pour les méchants, qu'il suffira pour les remplir de frayeur et de confusion. Alors on entendra les lamentations douloureuses de tous les peuples de la terre à l'occasion de sa gloire, car ils verront régner Celui qu'ils méprisèrent.

A côté du Christ s'assiéra la Vierge bienheureuse, qui ne portera plus secours à personne, parce que le temps des miséricordes sera passé pour jamais. Près de lui s'assiéront encore les Apôtres et leurs disciples, les religieux de chaque ordre, qui abandonnèrent tout le reste pour marcher sur les pas du Christ, et qui furent la risée du siècle. Dans l'air apparaîtra le signe du Fils de l'Homme, l'étendard de la Croix sainte éclatant d'une admirable splendeur, charme des bons, épouvante des méchants.

Bientôt, sur l'ordre du Christ, s'avanceront les anges, chargés de séparer les pervers du milieu des justes. Il y a dans cette vie mélange des bons et des méchants ; souvent il arrive que nous honorons le scélérat comme le juste, et que nous condamnons le juste comme le pécheur ; mais alors le bon pasteur mettra les brebis à sa droite, et les boucs à sa gauche. Et «les justes s'élèveront avec une grande hardiesse contre ceux qui les auront accablés d'affliction (SAG. v, 1); » et les réprouvés diront tout confus : « Insensés que nous étions, leur vie nous paraissait une folie et leur mort un opprobre ; cependant les voilà élevés au rang des enfants de Dieu, et leur partage est avec les saints (SAG. v, 4, 5.)! » Pour nous, quelle sera notre place en ce jour? Celle dont nous aurons fait choix en cette vie ; car si nous avons été dociles à la voix du Christ, nous serons comptés parmi ses brebis ;

autrement nous occuperons le côté gauche des boucs, celui des damnés.

IV

La séparation des bons et des méchants une fois opérée, le Juge équitable examinera toutes les actions des hommes et des anges. Alors seront publiquement découverts, seront devant tous manifestés les crimes les plus secrets, les fautes cachées et commises à l'écart loin de tous les yeux, celles que la honte a fait céler dans la confession, ou envelopper d'excuses, ou couvrir de vains prétextes. On verra au grand jour les intentions criminelles, les trahisons voilées, les fraudes, les hypocrisies, et les actes d'une justice apparente lorsqu'ils étaient d'une réelle perversité. Là il faudra rendre le compte le plus exact non-seulement des actions, mais encore des omissions et des négligences; car « il n'y aura rien de caché qui ne soit découvert, ni rien de secret qui ne soit divulgué (S. Luc, xii, 2). »

Il y a plus : les bonnes œuvres mêmes des impies seront manifestées pour leur opprobre, parce qu'ils n'ont point persisté dans ces œuvres, qu'en les faisant ils n'ont pas eu des intentions droites, et qu'ils en ont perdu les grands avantages pour des choses futiles et sans importance.

Quant aux justes, qu'à bon droit il leur a été dit de lever la tête, dans ce terrible jour, en signe de confiance! Le Seigneur, en effet, fera l'énumération successive de leurs bonnes actions, de leurs bonnes pensées, de leurs affections pieuses, de leurs intentions secrètes, des jeûnes, des veilles, des rigueurs envers le corps, de l'exercice de toutes les vertus, des abnégations multipliées, des ordres gardés, des conseils suivis, de toutes ces œuvres qui, bien qu'équitables, passaient pour iniques aux yeux du monde, et pour lesquelles ils seront comblés de grands honneurs à la face de toutes les nations. Le juge toutefois ne taira point leurs péchés; mais il dira ensuite par quels châtiments sévères ils en auront fait pénitence.

Devant ce tribunal, les accusateurs et les témoins seront nombreux, et les anges et les démons et les hommes bons ou mauvais, ceux-là surtout à qui nous fournîmes l'occasion de pécher; Jésus-Christ lui-même portera témoignage contre nous, comme il dit dans un Prophète : « Je suis juge et témoin (JÉR. XXIX, 23.) »

Enfin, toutes les créatures nous seront hostiles; elles crieront qu'elles ne nous ont point servi aux fins pour lesquelles Dieu les avait créées. O quelle sera la rigueur de ce jugement, quelle sera la sévérité du juge ! « Et si le juste même se sauve à peine, que deviendront les impies et les pécheurs (1re ÉPÎT. DE S. PIERRE IV, 18)? » Donc, pendant qu'il en est temps encore, menons une vie telle que nous puissions alors nous réjouir et compter parmi les justes.

V

La cause de chacun examinée et discutée, la sentence sera promulguée. Aussi le Roi des cieux, le Juge éternel, plus porté à récompenser qu'à punir, se tournant vers la droite, et s'adressant aux élus, leur dira-t-il, le regard serein et la voix pleine d'une extrême douceur : « Venez, vous qui avez été bénis par mon Père, possédez le royaume qui vous a été préparé dès le commencement du monde (S. MATTH. XXV, 34). » Venez à la gloire, puisque vous vîntes à la justice quand je vous appelais. Venez, vous qui supportâtes de si dures extrémités pour me rester fidèles, vous qui vous attachâtes à moi dans vos tentations.

Venez du travail au repos, de l'ignominie à la gloire, de la mort à la vie. Venez, les bénis de mon Père qui vous prévint de la douceur de ses bénédictions, qui de toute éternité vous prédestina au bonheur; possédez par droit d'héritage, puisque vous êtes les fils de Dieu et mes frères, non quelque bien temporaire, mais le royaume éternel que Dieu vous avait préparé avant le commencement du monde; « car j'ai eu faim, et vous m'avez donné à manger (S. MATTH. XXV, 35)... » et ce qui vient après dans l'Évangile. C'est sous cette forme allégorique que Jésus-Christ recommande les œuvres de miséricorde; ce qu'ont fait pour lui les élus, ils l'ont fait pour les pauvres.

Le Juge en courroux, se tournant

ensuite vers les réprouvés, fulminera
contre eux cette terrible sentence :
« Retirez-vous de moi, maudits, allez
au feu éternel qui a été préparé pour
le diable et pour ses anges (S. MATTH.
XXV, 41). » O terrible séparation !
O malédiction épouvantable ! O redoutable éternité ! — « Retirez-vous
de moi, maudits, parce qu'alors que
je vous demandais de recevoir ma
bénédiction, vous l'avez repoussée ;
lorsque je vous invitais au pardon,
vous l'avez refusé. Éloignez-vous de
mon royaume, de la société des justes, renoncez à voir clairement le
souverain bien. Allez au feu éternel :
il était préparé, non pour vous que je
voulais sauver, mais pour le diable
et les anges, ses complices, et en vous
associant à Satan par vos actions per-

verses, vous vous y êtes précipités vous-mêmes. » — O formidable sentence, qu'il faut pleurer sans relâche avec des larmes de sang !

Le Juge ajoutera les motifs d'une damnation pleine d'équité; il dira : « J'ai eu faim, et vous ne m'avez pas donné à manger, et vous vous êtes abstenus des autres œuvres de miséricorde. » Puis aux damnés qui prétendront n'avoir point manqué à ces œuvres envers le Christ, il répondra : — « Ce que vous n'avez pas fait à l'un de ces plus petits qui sont à moi, vous ne l'avez pas fait à moi-même ; « car comment celui qui n'aime pas son frère qu'il voit, peut-il aimer Dieu qu'il ne voit pas? (ÉP. DE S. JEAN, IV, 20.) »

VI

Quand ils auront entendu cette sentence, les justes rendront grâces de tout leur cœur à Jésus-Christ; ils s'adresseront des félicitations mutuelles, et leur chair humiliée tressaillera de joie. Mais les impies en proie à la tristesse, à la fureur, à la rage, s'accableront de malédictions réciproques, et la parfaite équité de leur Juge sera l'objet de leurs blasphèmes. « Et ceux-ci iront dans le supplice éternel, et les justes dans la vie éternelle (S. Matt. xxv, 46). »

A l'instant, en effet, où l'on viendra d'entendre la sentence contre les damnés, sans retard et sous les yeux des justes, la terre ouvrira d'immenses abîmes, et engloutira tout à la fois les malheureux pécheurs et les démons qui se seront emparés d'eux. Ainsi s'accomplira ce que dit l'Écriture : « Que la mort les vienne accabler, et qu'ils descendent tout vivants dans l'enfer ! (Ps. LIV, 16.) » Elle dit ailleurs : « Celui qui ne fut pas trouvé écrit dans le livre de vie fut jeté dans l'étang de feu (Apoc. XX, 15). »

O quelle rage agitera ces malheureux dans l'impuissance de résister à l'arrêt ou de faire obstacle à l'exécution ! Quelle sera leur tristesse et leur désespoir à leurs premiers pas dans cette prison de l'éternel esclavage, empestée, horrible, où les attendent tous les genres de supplices ! Quelles seront leurs inquiétudes et leurs angoisses, quand ils se verront renfermés à jamais dans des ténèbres sans limites, et condamnés à d'intolérables tourments! Alors ils sentiront qu'en effet ce fut pour eux un malheur bien fatal d'avoir abandonné le Seigneur, leur Dieu, et d'avoir cessé de le craindre. Fils insensés des hommes, ah! pour quelle vile et courte volupté vous vous êtes préparé des tourments sans fin! Oh! que d'amertumes vous trouverez, à cette heure, dans le fruit de tous les plaisirs mondains! que de vanité vous apparaîtra dans les joies rapides de cette vie, qui ne vous apporteront plus alors qu'une éternité de tourments et de pleurs!

VII

Pour les justes, emportés dans les airs, ils suivront leur guide, Jésus-Christ, et, dans l'ivresse de leur joie, ils lui chanteront mille cantiques; et alors, oui alors, témoins de la ruine des pécheurs, ils applaudiront à la vengeance et diront : « Ils ont été ensevelis dans les abîmes, ils sont tombés comme une pierre jusqu'au fond des eaux. Les abîmes les ont couverts; ils sont descendus dans les profondeurs comme la pierre. Votre droite, Seigneur, s'est signalée et a fait éclater sa force; votre droite, Seigneur, a frappé l'ennemi (Ex. xv, 5, 6). » Et bientôt, dans leur joie d'avoir échappé à de si grands dangers par la miséri-

corde divine, ils diront avec le Psalmiste : « Que le Seigneur soit béni,
lui qui ne nous a point donnés en
proie à leurs dents ! Notre âme s'est
échappée comme un passereau du filet des chasseurs; le filet a été brisé,
et nous avons été délivrés (Ps. cxxiii, 5,
6, 7). » C'est avec cette joie et ces iné-
narrables transports qu'ils pénétreront
dans les cieux, jusqu'à l'empirée où
Jésus-Christ, Notre-Seigneur, les placera sur des trônes, pour qu'ils règnent
avec lui dans les siècles des siècles.

Après de telles considérations, je-
tons les yeux sur nous-mêmes : nous
sommes dans ce monde comme dans
un lieu intermédiaire entre l'enfer et
le ciel. Dieu nous a imposé des préceptes, il nous a donné une loi : si
nous l'observons, nous jouirons du

bonheur éternel ; si nous la transgressons , nous serons en proie à des tortures sans fin. Voyons quel parti nous voulons choisir, et disons à Dieu, tremblants de crainte : « Brûle dans ce monde, tranche ici-bas ; épargne-nous dans l'éternité. »

S

p[illegible]
r[illegible]
g
l[illegible]

u
e
n[illegible]
L[illegible]
ni
l'e[illegible]

SEPTIÈME MÉDITATION

DES PEINES DE L'ENFER.

I

Dieu a préparé aux élus le ciel empyrée, et l'enfer aux pécheurs et aux réprouvés; car il appartient à sa sagesse infinie de placer chacun dans le lieu qui convient.

Mais qu'est-ce que l'enfer, sinon une prison perpétuelle, pleine de feux et d'innombrables non moins qu'horribles supplices. Qu'est-ce que l'enfer? La privation de tous les biens, la réunion de tous les maux. Qu'est-ce que l'enfer? Un lac de feu et de soufre au centre de la terre, un lieu très-étroit, très-resserré, accumulation de tous les supplices, comble de toutes les calamités, une terre ténébreuse, enveloppée des ombres de la mort, une terre de misère et d'obscurité, qu'habitent le désordre et une éternelle horreur. Là les ténèbres sont palpables, l'infection intolérable, l'excès de la chaleur incomparable, les douleurs au-dessus de toute croyance.

Voilà donc l'affreuse prison d'esclaves, le puits sans fond, la demeure lamentable, où brillent des flammes dévorantes, où retentissent sans relâche les gémissements, les hurlements, les cris horribles, et qu'habiteront éternellement les misérables pécheurs. Là ils auront près d'eux les démons aux formes les plus dégoûtantes, aux haines les plus acharnées, à l'aspect le plus épouvantable. Là, point de parents, point d'alliés qui les consolent au milieu de tant d'afflïctions et de tourments. Beaucoup des leurs peut-être se trouveront dans les mêmes supplices ; mais ayant perdu tout sentiment de tendresse, ils leur jetteront l'insulte de leurs perpétuelles malédictions. Là plus d'amis, car toute affection de cœur ayant disparu, ils seront changés en ennemis implacables. Plus d'esclaves, plus de serviteurs prêts à obéir ; car là tout sera source d'ennuis, il n'y aura place qu'à la rage, à la haine, à la cruauté. « L'assemblée des méchants est comme un amas d'étoupes, et leur fin sera d'être consumés par le feu. (L'ECCLÉSIASTIQUE, XXI, 10). » Le père détestera son

fils, le fils son père, le serviteur mau-
dira son maître, le maître aura son
esclave en abomination ; et quand tous
donneront carrière aux haines les plus,
acharnées qu'ils se porteront mutuel-
lement, ils seront cependant forcés
malgré eux d'habiter à jamais ensemble ; et ils seront pressés comme des
briques dans une fournaise, incapables de se mouvoir ou de changer de
place. Bien que l'enfer, en effet, d'a-
près Isaïe, « ait étendu ses entrailles
jusqu'à l'infini (Is. v, 14), » telle est
néanmoins la multitude de ceux qui y
descendent, qu'à peine restera-t-il à
chacun la place de son corps.

II

Dans ce séjour, la torture sera donnée par les bourreaux les plus atroces; car, en premier lieu, chaque damné sera le bourreau des autres, et les torturera par son aspect, par sa haine, par ses outrages, par ses reproches, par ses malédictions. Ensuite les démons, ces ennemis si acharnés, tourmenteront leurs malheureuses victimes par d'horribles visions, par des fantômes imaginaires, et par d'autres châtiments.

Le plus cruel de tous les bourreaux, ce sera le remords, désormais sans fin; car le malheureux damné, se souvenant des péchés qu'il commit, des inspirations qu'il eut pour revenir à résipiscence et éviter ces tourments qu'il doit aux choix coupables de son libre arbitre, sera son propre bourreau ; il s'attaquera de ses propres dents, et se déchirera lui-même avec une implacable non moins qu'inexplicable rage. Le tourment le plus cruel de l'âme, c'est la conscience de ses fautes : autant de vices dans l'homme, autant de tortures pour son âme.

Enfin, le plus terrible bourreau sera le bras invisible de Dieu, qui s'appesantira d'une prodigieuse manière sur les méchants. Ils souhaiteront bien qu'il n'y ait pas de Dieu, et ils vomiront contre lui d'horribles blasphèmes ; mais ces impiétés se changeront en accroissement de douleurs et de supplices. Alors enfin, mais trop tard, ils comprendront combien il est affreux de tomber dans les mains du Dieu vivant. Alors ils sauront combien il eût mieux valu écouter les cris de la conscience, et, lorsqu'il en était temps, faire pénitence de ses péchés. Alors ils reconnaîtront la vanité des joies de ce monde, et ils diront : « J'ai goûté un peu de miel, et voici que je meurs (Rois, I, xiv, 43). »

Venez donc, peines de tout genre ; venez, calomnies, accusations sans fondement; venez tous tant que vous êtes, tourments de l'esprit et peines du corps, déchirez-moi, torturez-moi autant qu'il est en vous ; créatures du ciel et de la terre, puissances des enfers, élevez-vous, conspirez contre moi jusqu'à ce qu'étant devenu l'objet de la divine justice en ce monde, je mérite d'obtenir miséricorde dans le monde à venir.

III

Il y a pour les damnés deux sortes de peines : celle du *dam* et celle du *sens*. La première répond à l'aversion qu'on eut pour Dieu ; la seconde, au penchant pour les créatures.

La peine du dam est la privation perpétuelle de la vue de Dieu, l'exclusion de la céleste patrie, de la fin et du bonheur pour lesquels nous fûmes créés, de l'aspect si doux de Jésus-Christ fait homme, de la compagnie des saints, de l'amour béatifique et du torrent de voluptés qui en émane. Oh ! quelle tristesse et quelles peines causera cette séparation à ceux-là surtout qui connurent la vraie religion et se consacrèrent à son culte divin ! Car de même que la vue de Dieu est la vraie et suprême béatitude, de même la privation de cette vue est le malheur et l'agglomération de toutes les calamités.

Comme la pierre a un centre vers lequel elle tend, de même l'âme, après la séparation prononcée , voudrait aussitôt s'unir à son centre et à sa fin ; mais, enlacée par ses péchés mortels, quelle rage la consume ! dans quelle misère elle est précipitée ! Nul esprit n'est assez fort, nulle pénétration n'est assez grande pour comprendre ce que cette peine a de terrible. Si l'on est si accablé, si désolé quand on perd des biens périssables, quelle doit être l'affliction quand on est privé de ce

bien qui les contient tous? Les damnés aimeraient mieux éprouver toutes
les peines de cette vie et de l'autre
que d'être punis par la privation de
la vue béatifique ; non qu'ils éprou-
vent pour Dieu quelque amour (ils
n'ont pour lui qu'une haine implacable), mais parce qu'ils se voient privés de ces jouissances qui leur appor-
taient le repos pour l'éternité.

Cette considération doit nous enga-
ger à détester le péché, qui seul peut
nous priver d'un si grand bien. Nous
nous joindrons ensuite au Prophète
pour prier Dieu « de ne pas nous rejeter de devant sa face (Ps. L, 12). »

IV

La peine dite du *sens* s'attaque au corps des damnés, à leurs sens et aux facultés internes de leur âme. Point de sens, point de membre, point de partie du corps, si petite qu'elle soit, que ne punisse un spécial et atroce châtiment.

Les yeux auront pour supplice la vue d'ennemis, l'effrayant aspect de démons revêtus de corps, la présence d'autres damnés, dont ils verront les corps hideux continuellement brûlés par les flammes, et environnés d'une fumée épaisse, de ténèbres palpables et d'une affreuse obscurité. Le supplice des oreilles sera de n'entendre que gémissements, que hurlements,

que bruits effrayants, que rúgisse-
ments, que plaintes, qu'injures, que
blasphèmes. L'odorat subira l'intolérable puanteur qui s'exhalera des
tourbillons impurs du soufre embrasé
et des corps des damnés. Le goût
sera infecté d'une mortelle amertume
et d'une abominable, d'une exécrable
saveur : alors ils seront affamés
comme des chiens, et ils demande-
ront, pour rafraîchir leur langue,
une goutte d'eau que personne ne
leur accordera. Le tact enfin éprou-
vera les tourments les plus atroces,
parce qu'il n'y aura rien de sain de
la plante de leurs pieds au sommet
de leur tête; tout y sera douleur,
amertume, abîme de calamités. O
voluptés malheureuses qui finirent par
la perdition et par des regrets éternels!

Les sens internes éprouveront aussi
des tourments spéciaux, et les facultés de l'âme raisonnable ne seront
point à l'abri des supplices. La fantaisie sera condamnée à continuellement éprouver le sentiment le plus
vif des maux présents auxquels nulle
diversion ne sera possible. L'imagination concevra les figures les plus
horribles, les plus épouvantables, et
ce sera son supplice. La mémoire,
comme une mer irritée et soulevée
par les tempêtes, sera tourmentée
d'une foule de souvenirs; elle rappellera tantôt les délices et les plaisirs
passés, tantôt les maux présents. L'intelligence, pleine d'erreurs et d'obscurité, regardant les fautes comme
légères et les peines comme exorbi-
tantes, accusera Dieu d'injustice et de

cruauté. Dès lors impossibilité pour elle de considérer autre chose que les maux qu'elle souffre et les joies qu'elle a perdues pour de méprisables voluptés, évanouies en un moment. La volonté opiniâtre et endurcie dans le péché, ne connaîtra ni amollissement ni repentir. Dieu sera l'objet de sa haine, les Bienheureux de son envie. Elle désirera et ne pourra parvenir au terme de ses désirs, parce que « le désir des impies périra (Ps. cxi, 9). » Aussi sera-t-elle remplie de rage, d'amertume et de désespoir, et elle se rongera sans relâche.

V

La peine principale sera un feu d'une horrible voracité; le nôtre en comparaison, quelle que soit son ardeur, n'est qu'un feu en peinture, qu'une ombre du feu. Que si nous n'osons, même du bout du doigt, toucher un moment le nôtre, quelque faible qu'il soit, comment ne serions-nous pas épouvantés de cet effroyable et inextinguible incendie? Notre feu brûle et éclaire, il s'éteint faute d'aliment, quand il a tout consumé : le feu infernal n'a rien que de désespérant; il s'allume, mais il n'éclaire pas, si ce n'est pour que les damnés voient la source de leurs douleurs; il brûle, et ne consume point; il torture, et ne tue point; il embrase, et n'éprouve aucune diminution.

Ce ne seront pas seulement les corps, ce seront aussi les purs esprits et les âmes rejetées du séjour des justes, que ces flammes tourmenteront d'une façon aussi vraie que merveilleuse, comme instruments de la justice divine.

Outre ces peines générales, il en est de spéciales pour la punition de chaque vice en particulier. En conséquence, les superbes, les envieux, les impudiques auront leurs supplices propres ; et chaque péché s'expiera par un châtiment convenable, afin d'accomplir ce qui est écrit : « Multipliez ses tourments et ses douleurs à proportion de ce qu'elle s'est élevée dans son orgueil et de ce qu'elle s'est plongée dans les délices (APOC. XVIII, 7). »

Enfin, le suprême et inexplicable supplice des damnés, c'est l'éternité. Dans les labeurs et les afflictions de cette vie, quels qu'ils soient, il est toujours une consolation, un espoir de leur suspension, de leur fin, car tout est terminé par la mort; mais les maux des réprouvés ne peuvent être tempérés par aucune consolation, parce qu'ils sont sans terme, et qu'ils n'auront jamais de fin. Oh! que de ténèbres dans l'âme humaine! quelle cécité! Pour une courte joie temporelle, perdre les joies éternelles! pour un faible plaisir des sens, se condamner aux tourments les plus atroces qui dureront dans les siècles des siècles, tant que Dieu vivra, tant que durera son règne!

Méditons avec soin ces vérités, et songeons à notre salut.

HU

« S
hern
dési
son
dans
dési
mist
puiss
cité
où le
cieus
’éme

HUITIÈME MÉDITATION.

DES JOIES DU PARADIS.

I

« Seigneur des armées, que vos ta-
bernacles sont aimables! Mon âme
désire ardemment d'être dans la maison du Seigneur, et elle est presque
dans la défaillance par l'ardeur de ce
désir (Ps. LXXXIII, 1), » dit le Psalmiste. Il n'est point de paroles qui
puissent peindre l'excellence de la
cité céleste, où l'or jonche les routes,
où les remparts sont des pierres précieuses, et les portes taillées dans
l'émeraude et le saphir; où l'on ne

connaît ni la nuit, ni les ténèbres, ni le froid, ni les chaleurs, mais où règne un charme parfait, une paix parfaite, une parfaite félicité. Tel est le ciel empyrée; rien de plus élevé que sa situation, de plus grand que son étendue, de plus précieux que sa matière, de plus beau que sa forme. Tel est le royaume préparé dès le commencement aux élus, par le Père et Seigneur, tout bon, tout sage et tout-puissant, pour montrer les glorieuses richesses de sa souveraineté et béatifier ses enfants.

Si le monde, en effet, ce lieu de notre exil, où vivent ensemble les bons et les méchants, les amis et les ennemis, les hommes et les bêtes, renferme tant de choses variées et de merveilleux décors, quelle sera la beauté de

cette royale demeure, de cet empire
que Dieu prépara pour le repos et le
bonheur de ses amis? Bien justement
« on a dit de vous des choses glorieuses, ô cité de Dieu (Ps. LXXXVI, 2), »
cité où le charme et l'amabilité sont
au comble, où l'on trouve abondance
de tous les biens, amour parfait, crainte
nulle et jour éternel. Là rien qui blesse, rien qui n'enchante.

II

Telles seront la multitude et la
grandeur des joies, que Dieu seul
peut les compter et les apprécier;
telles seront leur variété et leur perfection, que ce monde n'a rien qui leur
soit comparable.

Ce bonheur sortira de plusieurs sources :

1° De l'amour dont les Bienheureux verront que Dieu les aime.

2° De la société des anges et de tous les saints, en conséquence et de cette mutuelle charité, qui fera jouir chacun des biens de tous comme des siens propres ; et de cette beauté merveilleuse, à laquelle les justes devront de resplendir comme le soleil ; et de cette noblesse, qui les mettra tous au rang de Fils de Dieu, parés du sang de Jésus-Christ ; et de cet ordre enfin, qui placera chacun, avec une parfaite sagesse, au lieu qu'il aura mérité.

3° De l'aspect si doux de l'humanité du Christ, que désirent contempler les anges, et par les mérites de laquelle les justes sont parvenus à tant de félicité.

4º De l'aspect également de la bienheureuse Vierge, Mère de Dieu, à laquelle ils ont dû tant de bienfaits du ciel, et qu'ils verront, en noblesse, en gloire, en sainteté, plus éclatante que les êtres les plus purs sortis des mains du Créateur, assise à la droite de son Fils, surpassant tous les élus en béatitude.

5º Des qualités des corps glorieux : la subtilité, l'agilité, l'impassibilité et la clarté.

6º De la joie spéciale et du plaisir très-pur de tous les sens et des facultés internes de l'âme.

7º De tous les désirs satisfaits au degré de la perfection, et de tous les plaisirs goûtés avec sécurité, car « ils seront remplis d'une joie qui ne finira jamais (ISAÏE. LXI, 7). »

8° Des auréoles, récompenses accidentelles spécialement accordées aux martyrs, aux vierges et aux docteurs pour d'insignes victoires sur le monde, sur la chair et sur le démon.

9° De la vue claire et de la contemplation de Dieu; de la jouissance, de l'amour et de la possession du souverain bien, dans lequel consiste l'essence de la béatitude.

III

Quelle sera la joie de ceux qui ont beaucoup souffert pour Jésus-Christ; qui ont crucifié leur chair avec leurs vices, et qui l'ont macérée par des

jeûnes, par des cilices, par des labeurs!

Mais nous, qu'avons-nous fait jusqu'ici pour acquérir la gloire céleste,
la gloire éternelle? Ce royaume ache-
té par les saints au prix de tant de
peines, de tristesses et de mortifications, pouvons-nous espérer de l'acquérir par l'inertie, le repos et les
voluptés? Et s'il « a fallu que le Christ
souffrît toutes ces choses, et qu'il en-
trât ainsi dans sa gloire (S. Luc, xxiv,
26), » que n'aurons-nous pas à faire,
nous, pour être introduits dans cette
gloire qui est à lui?

Il faut donc soigneusement s'appliquer à l'étude des vertus, aux mortifications de la chair et aux autres œuvres de pénitence, parce que, si nous
souffrons avec lui, nous régnerons

avec lui, et que, si nous savons nous associer à ses souffrances dans cette vie, nous participerons également à sa gloire dans la vie sans terme et sans fin.

NEUVIÈME MÉDITATION.

DE LA CONSIDÉRATION DE L'ÉTERNITÉ.

I

Les joies du paradis et les supplices des damnés sont éternels; il faut donc examiner avec soin ce que c'est que l'éternité. L'éternité est une durée toujours présente, un perpétuel aujourd'hui, sans commencement, sans milieu, sans fin, qui n'a ni passé ni avenir. C'est l'âge des âges où les bienheureux commencent toujours une vie bienheureuse, où meurent perpétuellement les damnés. C'est une roue qui ne cesse de tourner ; un abîme de spirales et de révolutions ; un principe continu, sans limites, et qui ne cesse de commencer.

Que l'on suppose une montagne du sable le plus fin et plus grande que le monde entier ; que tous les mille ans un ange ôte un grain de ce sable à cette montagne, combien de mille, de cent mille, de mille millions d'années s'écouleront avant qu'elle paraisse décroître et s'abaisser ! Prions le plus habile mathématicien de se mettre à une table, de faire ses additions, et de nous apprendre combien de siècles doivent s'écouler avant qu'une montagne d'une si grande masse (à laquelle l'ange fait des retranchements avec tant de lenteur), diminue seulement de moitié, puis disparaisse entièrement. Un tel nombre est pour notre intelligence à peu près comme une durée sans fin. Mais c'est une erreur complète de notre imagination ; car, nécessairement, arriverait le tour du dernier des grains de sable qui forment une si prodigieuse montagne ; tandis qu'après la diminution successive d'une si grande masse, après tant de millions d'années que ne peut compter aucune des intelligences créées, y aura-t-il quelque chose de retranché à l'éternité? Rien absolument. L'éternité ne cesse d'être entière ; elle n'est pas encore commencée ; dans leur malheur sans remède, les damnés ne sont pas encore au commencement de leur éternité de désespoir.

Imaginons un parchemin de deux

doigts de large, mais assez long pour atteindre jusqu'à l'empyrée, et sur lequel soient écrites en lignes excessivement serrées autant de neuvaines que cette longueur en peut contenir : qui, à l'exception de Dieu, pourra exprimer un nombre aussi prodigieusement étendu, aussi immense et presque infini?

Si un nombre exprimé par cinquante chiffres contenait assez de grains du sable le plus fin pour combler la distance qu'il y a de la terre au ciel, d'après les mathématiciens, à quel chiffre se monteraient ces nombres innombrables? Eh bien! ils ne sont pas le commencement de l'éternité. Qu'il s'écoule autant d'années, autant de siècles, autant de millions d'années qu'il y a d'unités dans ce

nombre qu'on ne peut ni exprimer,
ni concevoir, et l'éternité n'aura pas
encore subi la moindre diminution ;
son étendue en largeur, en longueur,
en hauteur n'a point de bornes, elle
est infinie. — Si cette considération
ne fait point sur nous une impression
profonde, certes nous sommes plus insensibles que la pierre.

II

« Je songeais aux jours anciens, dit
le Prophète, et j'avais les années éternelles dans l'esprit, et je méditais durant la nuit au fond de mon cœur ; et
m'entretenant en moi-même, j'agitais
et je roulais dans mon esprit plusieurs
pensées, et j'ai dit : c'est maintenant

que je commence. » (Ps. 5, 6, 10.) En effet, la considération de l'éternité détermine l'homme à examiner sa conduite et à réformer ses mœurs. Elle a préparé les saints martyrs à souffrir les douleurs de la torture, à affronter avec joie et constance tous les genres de mort. Elle a poussé dans la retraite tant de milliers d'hommes, qu'elle a renfermés dans des monastères et attachés aux pratiques d'une vie de la plus grande rigueur. Elle a soudain fait passer à la vertu des hommes de la dernière perversité, et changé en très-pacifiques agneaux des loups très-féroces. Il a suffi que les années éternelles leur soient venues à la pensée : pensée salutaire qui fait croire que tout travail est facile, toute aspérité de la vie tolérable, toute veille agréable, que les jeûnes sont légers, les flagellations douces, les douleurs pleines de charme, les peines de courte durée. Elle apaise la faim et la soif, elle adoucit les besoins de la pauvreté, amollit les cilices, et donne de l'agrément à l'abjection, de l'attrait à la discipline. Quiconque médite sérieusement l'éternité ne recule devant aucun travail, ne cède à aucun obstacle, n'est sensible à aucun plaisir, ne convoite aucun des biens de la terre; il supporte tout, s'abstient de tout, se soumet à tout; il ne pense qu'à l'éternité, ne vit que pour l'éternité, n'a d'autre sentiment que la considération de l'éternité.

III

La plus grande peine des damnés,
c'est l'éternité. Tout dans les enfers
est éternel. Les damnés eux-mêmes
sont éternels ; tous seront dans l'impuissance ou de se donner la mort ou
de la donner à d'autres damnés. Le
lieu lui-même est une prison éternelle ; impossible qu'elle s'écroule ou
qu'on la brise. Le feu ne s'en éteint
jamais ; les autres peines sont également éternelles. C'est ce que demande
la justice divine pour que ceux qui,
pendant leur vie, n'ont pas cessé de
pécher, ne cessent pas non plus d'être
punis. C'est ce qu'exige la raison, pour
qu'un supplice sans fin atteigne toujours dans l'enfer ceux qui toujours

ont voulu pécher dans ce monde. C'est ce que le droit approuve, afin que ceux qui ont offensé la majesté infinie de Dieu soient punis d'une peine infinie quant à la durée, car des peines infinies quant à l'intention ne seraient pas suffisantes, et le châtiment frappe toujours ceux qui ont été toujours endurcis dans le péché. Ah ! quel est le malheur de ceux qui, oubliant cette éternité, se font un jeu de commettre le crime !

Mais la plupart des chrétiens ne croient pas à l'éternité ; s'ils y croient, c'est de bouche ; leurs actions les démentent : autrement ils mèneraient une tout autre conduite. En effet, qui pourrait, je ne dis pas pécher, mais rire et s'occuper de fables, si les années éternelles étaient l'objet de sa pensée? O éternité, perpétuel soupir des élus! O éternité, songe formidable des réprouvés! Non, celui-là ne périra point, qui prévoira l'éternité, qui vivra pour l'éternité. Tout passera, tout prendra fin; seule elle est immuable, seule elle ne périra jamais, l'immense, l'infinie, l'interminable éternité.

DIXIÈME MÉDITATION.

DE L'AMENDEMENT DE LA VIE.

I

La considération de notre fin dernière et de l'éternité serait stérile, si
elle n'avait pour conséquence le scrupuleux examen de l'âme, la réforme
des mœurs, l'amendement de la vie.
Il est donc indispensable de s'attaquer
tout particulièrement à cette grande
affaire, dans le but de marcher pleins
de zèle à la perfection, et de rompre,
autant que possible, avec tout ce qui
en éloigne ou peut nous retarder dans
sa voie. Le moyen, la forme, pour

13

ainsi dire, de cet amendement consiste en quelques lois, en quelques préceptes que chacun doit se prescrire, afin qu'ils soient comme une direction, comme une règle d'après laquelle on agisse dans toutes les circonstances de la vie, et l'on se conforme entièrement à la volonté de Dieu.

Or ces lois, ces préceptes doivent sortir des sources suivantes : de la loi de charité que l'Esprit-Saint imprime ordinairement dans nos cœurs; — des règles, des constitutions et des prescriptions particulières de chaque office, de chaque fonction; — de la prudence individuelle, éclairée des lumières de la grâce de Dieu; — des conseils et de la direction des Supérieurs et des Pères spirituels. Ces

points capitaux sont comme une pierre
de touche pour découvrir et pour pratiquer tout ce qui concerne l'amendement de la vie.

Cet amendement peut être divisé
en quatre espèces, pour que rien
n'échappe à notre censure, et que
rien ne se fasse sans un choix guidé
par la prudence, comme il convient à
l'homme éclairé par la raison.

II

Le premier amendement consiste à
trancher le péché dans ses racines,
qui sont au nombre de six :

1° Les mauvais penchants ;

2° Les appétits immodérés : dans
l'impossibilité où nous sommes de les

comprimer entièrement, il faut en modérer la fougue ;

3° Les habitudes vicieuses : sachons en arracher jusqu'à la dernière racine ;

4° Les tentations : cherchons soigneusement les moyens de les vaincre et d'en finir avec elles ;

5° Les occasions extrinsèques, que font naître les conversations, les circonstances de lieu, d'affaires, de devoirs : supprimons-les complétement, s'il est possible ; ou du moins imaginons divers moyens de nous prémunir contre elles ;

6° Certaines maximes de la vie civile qui ne s'accordent pas suffisamment avec la simplicité chrétienne, et que par cela même il faut radicalement proscrire.

Le second amendement doit se tirer du fréquent usage des choses spirituelles, comme la méditation, l'oraison de vive voix, l'examen de conscience, l'empressement à recevoir les sacrements, et d'autres pratiques du même genre : à cet égard, l'espèce, le temps, la manière doivent être arrêtés d'avance.

Le troisième amendement a pour objet les divers ministères, offices et fonctions exercés envers autrui : là encore il faut un extérieur modeste, pour que ceux qui nous voient ne puissent trouver en nous rien qui les offense.

Le quatrième amendement regarde le corps, et il a deux parties. La première embrasse tout ce qui flatte les sens, comme la nourriture, le vête-

ment, le sommeil, le lieu qu'on habite, les récréations que l'on prend :
ce qui est de trop dans tout cela doit
être retranché. La seconde partie
consiste à macérer le corps par des
peines volontaires, comme le jeûne,
le cilice, la discipline et d'autres châtiments de même nature.

III

Ce que doit être et le degré de
perfection que doit avoir cet amendement nous est indiqué par le
Seigneur quand il dit : « Je vous
dis en vérité que si vous ne vous
convertissez, et si vous ne devenez
comme de petits enfants, vous n'en-
trerez point dans le royaume des
cieux (S. MATTH. XVIII, 3). » Voilà com-

ment nous devons être améliorés,
pour que nous ne marchions plus dans
la voie du crime, et que nous deve-
nions par la vertu ce qu'est l'enfant
par la nature. En effet, le tout petit
enfant ne convoite pas le bien d'autrui, ignore l'amour et l'avarice, ne
s'emporte pas contre qui le blesse, ne
pense point au mal, n'est point enflé
d'orgueil, n'ourdit de trames contre
personne, ne fait injure à personne,
ne sait point tromper, n'ose rendre les
coups, ne résiste point à qui le dépouille, ne lutte point contre qui l'ac-
cable de sa force : de même faisons-
nous tout petits enfants; ayons l'âme
aussi pure qu'ils ont le corps; possé-
dons par nos soins, par notre vigilance
ce qu'ils possèdent par le privilége
des années.

L'idéal et le modèle de notre amendement et de notre conversion, c'est Jésus-Christ, notre Seigneur et notre Rédempteur, qui, dans l'intérêt de notre salut, s'est fait petit enfant, pour que nous suivions ses traces. Dans ce but, nous devons chaque jour méditer sa vie et sa passion, pour former nos mœurs sur les siennes, pour l'avoir dans toutes nos paroles et nos actions présent aux yeux de notre esprit, et ne parler jamais, n'agir jamais que d'après les enseignements de sa parole et de son exemple. La vie du Christ est un livre de vie, où, comme dans une riche bibliothèque, nous pouvons trouver de quoi satisfaire à tous nos besoins. Il est indispensable d'imprimer sa doctrine dans notre âme et dans notre chair, afin qu'il ne se trouve en nous rien qui n'ait été dans Jésus-Christ, et que notre âme soit une vivante image du Sauveur, dans laquelle semblent parfaitement se reproduire toutes ses vertus. Participant ainsi aux souffrances de sa passion, nous participerons à sa résurrection et à sa gloire; et, la course de la vie terminée, nous arriverons heureusement aux prix du combat qui nous sont promis pour l'éternité.

zè
Se
sî
c'
q
To
en
si
do
fo

ONZIÈME MÉDITATION.

DU RÈGNE DE JÉSUS-CHRIST.

I

Un moyen de suivre avec plus de zèle et d'imiter Jésus-Christ, Notre-Seigneur, et de porter des pas plus sûrs dans la voie de notre amélioration, c'est de le considérer comme un Roi que Dieu constitua pour régir et gouverner les hommes, exterminer ses ennemis, et remporter pour lui et les siens une victoire insigne; puis il faut demander à Dieu les lumières et les forces propres à nous faire connaître la dignité du trône auquel il nous convie, et se résoudre à répondre courageusement à son appel.

Alors on observera que le Christ a fondé son règne sur l'homme, quand il parcourait les bourgs, les villes, les cités, les synagogues, et que, par ses exemples et ses enseignements, il arrachait le vice du fond des âmes et y jetait les semences de la vertu.

Veut-on plus clairement connaître l'excellence de sa royauté? Que l'on se rappelle l'état si heureux d'innocence, où l'homme, ce monde en petit, exerçait sur lui-même une domination parfaite, de sorte qu'il pouvait être dit avec vérité roi par excellence, en pleine jouissance des prérogatives de son rang. Que l'on considère ensuite comment le péché les lui ravit, alors que le père de toutes les générations les entraînant toutes avec lui dans une chute acceptée par le sentiment et par la raison rebelle de l'homme interne et externe, confondit complétement et bouleversa l'ordre et l'harmonie.

Eh bien ! c'est cette royauté que Jésus-Christ, Notre-Seigneur, est venu restaurer dans son primitif état. Le Fils de Dieu s'est fait homme dans ce but unique, de la reconquérir non-seulement pour lui, mais encore pour nous, à la condition toutefois que nous obéirons à ses commandements, que nous combattrons dans son camp, et que nous le prendrons pour guide en toutes choses.

II

L'excellence de la royauté du Christ doit être appréciée par deux ordres de considérations :

1° Par la perfection de ses attributs et de sa sagesse infinie, qui connaît tous nos besoins ; par sa toute-puissance, qui peut les soulager ; par sa miséricorde, qui compatit à nos maux ; par sa providence, qui veille sur nous ; par la magnificence de sa libéralité, qui nous fait part de ses richesses, de son propre corps et de son sang ; par sa justice et sa prudence à gouverner, qui nous dirige avec toute droiture et toute équité ; par la durée enfin de sa souveraineté céleste, qui n'aura jamais de fin.

2° Qu'on mette en parallèle les rois de la terre. Ils chargent d'impôts leurs sujets ; il acquitte, lui, les dettes des siens. Eux, pour avoir tout en profusion, réduisent à la pauvreté ceux qui sont dans leur dépendance ; et, pour enrichir ceux qui sont dans la sienne, lui, il se fait pauvre. Ils imposent des lois très-sévères ; lui, des lois très-douces. Leur empire est passager, le sien est éternel.

De ces réflexions doivent jaillir des sentiments divers d'amour, de joie, de reconnaissance ; puis il faut prendre la ferme résolution d'estimer à tout son prix la faveur d'un si grand monarque, et de faire beaucoup pour son amour.

III

Ce monarque nous appelle à la plus juste guerre contre les plus puissants ennemis, le démon, le monde et la chair; contre des ennemis, dis-je, qui sont moins les siens que les nôtres, et qui, même, sont acharnés à notre perte. D'ailleurs celui qui nous appelle nous précède au combat, et promet aux combattants une victoire assurée, que suivront d'éternelles récompenses.

Quiconque tient à ses propres avantages et à son salut, doit donc absolument le suivre, et, 1° Tout mettre en œuvre pour établir en soi-même le règne du Christ, l'étendre également sur les autres, et le débar-

rasser des ennemis qui l'infestent ;
2° S'en faire le propagateur et le défenseur par tous les moyens d'une
énergique stratégie, sans cesse attentif à repousser les tentations, l'œil du
cœur toujours ouvert pour découvrir
les fraudes de l'ennemi ; 3° Se mettre
à la place d'un juge assis sur son tribunal, se faire son procès à soi-même,
et comprimer la foule tumultueuse des
troubles de l'âme ; 4° Déraciner les
mauvaises habitudes par le goût con-
stant des mortifications ; 5° Observer
soigneusement les lois divines et humaines, et régler d'après elles toutes
ses actions.

IV

Celui qui conformera sa conduite à ces préceptes sera le bien-aimé de son Roi, Jésus-Christ ; il s'affermira en lui-même, et, appelé au partage du rang suprême, il en portera les royaux insignes.

Et d'abord, assis sur un trône élevé bien au delà des nues, plein de mépris pour toutes les choses mortelles, il verra les facultés de son corps et de son âme, ses sens et ses membres soumis à sa volonté ; il foulera à ses pieds le démon, les passions cupides, le péché, la mort et tout ce qui d'ordinaire semble redoutable. 2° Une couronne de splendeur ceindra sa tête, parce

que ses vertus le feront honorer même
des pervers. 3° Un sceptre sera dans
sa main, parce qu'il exercera un pouvoir souverain sur ses sens, sur ses
membres, sur toutes les affections de
son âme et de son corps, et ne souf-
frira le joug de personne, sinon de la
part de Dieu et pour la gloire de Dieu.
4° Autour de lui se tiendront de nombreux serviteurs, car les événements
heureux ou malheureux seront en
quelque sorte ses subordonnés, dont
il usera sans que ceux-ci l'effrayent,
sans que ceux-là l'enivrent. 5° Il aura
un royal cortége, c'est-à-dire la protection des anges et des saints, et ces
moyens de salut toujours prêts à tout
événement. 6° Ses excellents conseil-
lers seront la prudence, l'habileté, la
discrétion et les autres vertus qui le

guideront heureusement dans toutes ses affaires. 7° Il possédera d'immenses trésors dans les grâces, les vertus et les dons du Saint-Esprit. 8° Il contractera une alliance avec le Maître suprême de l'univers, puisqu'il fera de son âme l'épouse en quelque sorte de ce Roi ; et, dans ce lieu d'exil, il passera tous ses jours comme des fêtes, sans cesse heureux convive de la charité, délicieusement uni au divin Époux, jusqu'au moment prochain où il sera conduit dans les cieux au comble des joies éternelles.

V

Si nous voulons parvenir à cet heureux état près de notre Roi, Jésus-

Christ, gardons-nous de nous laisser décevoir par un ennemi perfide, et de combattre sous des drapeaux étrangers ; car Satan possède un empire où les maximes sont contraires à celles du Christ : pour attirer à lui tous les hommes, il met en œuvre divers artifices, diverses ruses que nous reconnaîtrons facilement, si les inclinations et les inspirations de ces deux rois sont pour nous l'objet d'une sérieuse étude.

Imaginons d'abord que nous voyons dans la plaine de Babylone le roi de l'impiété assis sur un trône de fumée et de feu ; qu'il envoie une foule d'hommes par toute la terre, dans le but de nuire aux cités, aux localités diverses et à leurs habitants. Écoutons ensuite les discours qu'il tient à ses ministres, pour les pousser à prendre les hommes dans leurs filets et à les enchaîner avant tout à l'amour désordonné des richesses, mobile qui leur suffit généralement pour se jeter dans les brigues des honneurs mondains, et enfin dans les abîmes de l'orgueil. Il n'est pas de vice, en effet, dans lequel ne se précipite une âme égarée par l'avarice, les honneurs et l'orgueil.

Or ces ennemis essayent de tromper l'homme déjà si faible, et ils usent de diverses fraudes, les unes ouvertes, les autres cachées.

Voici quelles sont les fraudes ouvertes : ils s'efforcent d'exciter le goût des choses terrestres, des commodités de la vie, surtout en ce qui regarde la nourriture, le vêtement, l'habitation, la charge, l'emploi ; — ils jettent dans l'âme la crainte des maux opposés, la crainte de la maladie, de l'indigence, du travail; — ils induisent à l'oubli de notre fin dernière; — ils inspirent l'ennui des choses spirituelles en opposant à l'esprit d'excessives difficultés. Un homme fait-il quelque bien, ils l'amènent à le faire non pour Dieu, mais par respect humain ou au hasard, et sans autre loi que celle de la coutume.

Les fraudes cachées sont les suivantes : induire au mépris des fautes minimes, afin d'entraîner par elles à des fautes plus graves et à l'émancipation de la conscience; — tourmenter l'homme d'importunes pensées et de scrupules, pour l'amener à tenir son âme comme vile, comme abjecte, et le détourner de la participation aux sacrements ; — mettre dans l'intelligence des goûts fallacieux et de dangereuses lumières, pour entraîner à une vaine estime de soi et à une torpeur, source de tous les maux ; — pervertir le jugement, pour que l'on fasse plus de cas de ce qui est d'une petite que de ce qui est d'une grande importance, et que l'on préfère les choses extérieures aux choses intérieures, les exercices matériels à la vraie piété ; — apporter nombre d'empêchements, des délais, des prétextes divers, soit de santé, soit de charité fraternelle, soit d'avantages supérieurs ; — multiplier les artifices pour empêcher d'aller droit au but, et pour éteindre la constance et la persévérance.

VI

Nous nous représenterons ensuite notre Roi Jésus-Christ dans une plaine délicieuse, près de Jérusalem. Le lieu qu'il occupe est peu élevé; mais lui, quel éclat l'environne! qu'il est beau, et que son aspect est aimable! Seigneur du monde entier, il envoie dans l'univers les apôtres de son choix et ses autres ministres prêcher aux hommes de toute race, de tout état, de toute condition sa doctrine sacrée et qui opère le salut. A ses serviteurs, destinés à une œuvre de cette importance, il prescrit, dans un discours, de s'attacher à faire entrer dans les âmes les affections spirituelles de la pauvreté;

et de plus, si la raison d'obéissance et l'élection céleste y portent l'auditeur, à lui faire embrasser positivement la pauvreté elle-même ; et à l'amener ensuite à désirer le mépris et l'opprobre, source de l'humilité et de toutes les autres vertus.

Du reste, ce Roi tout-puissant a divers moyens de nous attirer à lui : il fait germer en nos âmes l'amour des choses spirituelles, la crainte du péché et des châtiments, l'oubli et la haine des biens terrestres, un vif désir d'une pureté constante, la tranquillité de la conscience, la joie spirituelle, l'espoir et la confiance dans le secours de Dieu pour vaincre les difficultés et les tentations, la soumission et la docilité à nous laisser conduire par nos directeurs, et la facilité à leur ouvrir notre conscience. Tels sont les moyens qu'emploie l'excessive bonté du Seigneur, pour que nous marchions avec un cœur pur au but que nous devons nous proposer ; pour que la perfection soit dans nos choix et dans nos œuvres ; pour que nous persévérions avec constance dans ce que nous aurons entrepris avec sagesse.

Ces considérations doivent conduire à faire le parallèle des deux rois, et à prendre la ferme résolution de combattre jusqu'à la mort sous le drapeau du Christ, en vue de participer à son règne dans la vie future.

VII

Dans les hommes qui marchent sous les drapeaux du Seigneur, et qui désirent servir Dieu et vaincre le démon, il y a trois caractères ou différences que nous devons considérer avec attention pour embrasser le parti qui mérite toutes nos préférences.

Le premier caractère est celui de ces chrétiens qui, bien que désireux d'étouffer leur amour-propre, de déraciner leurs vices, et de ramener sous l'empire de la raison leurs affections dépravées, ne s'arment cependant jamais, et qui, quand il en faut venir aux mains, s'effrayent de la peine et de la difficulté du combat, et prennent la fuite loin de leur camp. Ils veulent bien arriver à Jésus-Christ, mais non suivre ses traces ; ils désirent le prix, mais ils refusent la tâche ; ils souhaitent la fin, mais ils ne prennent jamais les moyens d'y parvenir.

Le second caractère est celui de ces hommes qui saisissent, il est vrai, des armes, mais celles-là seules qui leur plaisent ; ils vont au combat non quand la raison le prescrit, non quand le chef donne le signal, mais quand il leur plaît d'y marcher. Ces gens-là désirent se débarrasser de leurs affections désordonnées ; toutefois ils ne s'attachent pas à le faire avec énergie, et leurs efforts tendent plutôt à faire descendre Dieu à la satisfaction de leurs vues personnelles qu'à quitter tout le reste pour aller vers Dieu. Ils ont beau s'astreindre à diverses austérités, elles leur sont inutiles, parce qu'ils négligent de briser leur volonté pour la soumettre à celle du Seigneur. Leur ressemblance est frappante avec le jeune homme de l'Évangile, qui entendit ces paroles de la bouche de Jésus-Christ : « Si vous voulez être parfait, allez, vendez ce que vous avez et le donnez aux pauvres (S. MATTH., XIX, 21). » « … Le jeune homme s'en alla triste (IB., 22). » Et cependant il avait gardé les commandements de Dieu dès son âge tendre, mais il fut pusillanime pour marcher à une plus grande perfection. C'est ainsi qu'étaient les Samaritains , « craignant le Seigneur, mais servant en même temps leurs idoles (Rois, l. IV, ch. XVII, 41). »

Le troisième caractère et le seul parfait, le seul auquel on doive s'attacher, embrasse les hommes qui combattent le vice avec intrépidité, dans l'ordre, de la manière et par les armes que le Guide a prescrits. La perfection est le but de leurs efforts, selon leur savoir et leur pouvoir; ils s'offrent à Dieu sans aucune réserve d'affections, chantant avec le Prophète : « Mon cœur est préparé, ô mon Dieu, mon cœur est tout préparé (Ps. LVI. 10), » et s'en remettant aux prélats et à leurs maîtres spirituels du soin de les former à leur gré. Rien ne leur coûte pour arriver à la perfection de notre Père qui est dans les cieux. Voilà ceux que nous devons suivre, ceux dans les rangs desquels nous devons combattre, si le comble de la sainteté véritable est le but de nos désirs.

———

DOUZIÈME MÉDITATION.

—

DE LA MORTIFICATION

INTÉRIEURE ET EXTÉRIEURE.

I

Notre Roi et notre Sauveur Jésus-Christ, que nous nous sommes proposé de suivre, indiquant la manière dont nous devons l'imiter, a dit : « Si quelqu'un veut venir à moi, qu'il renonce à soi-même, et qu'il porte sa croix tous les jours (S. LUC, IX, 23). » C'est le sommaire de toute la perfection évangélique ; c'est la voix qui

15

nous conduit droit à notre fin, c'est la mort volontaire qui laisse subsister saine et sauve la vie naturelle et détruit la vie animale; c'est le glaive qui immole, qui tue le vieil homme; c'est enfin l'abnégation ou mortification tant recommandée par les saints Pères.

Cette mortification est de deux espèces : par l'une on façonne, on ordonne l'homme intérieur; par l'autre, l'homme extérieur; et non-seulement on s'interdit les choses illicites, mais encore on s'abstient des choses licites qui ne sont pas nécessaires. La première consiste à régler les sens, la langue et les actes extérieurs; la seconde, à gouverner les sens intérieurs, les passions, l'appétit sensitif et les facultés de l'âme raisonnable.

II

1° Et d'abord le Prophète assure que la mort entre dans l'âme par les « fenêtres (JÉR., IX, 21) » des sens. Il faut donc se garder avec le plus grand soin d'agir pour leur complaire ; mais, les considérant comme étrangers, on doit en user uniquement dans le but propre et nécessaire pour lequel Dieu les a faits ; on doit enfin les amener de la vie des brutes, de la vie terrestre, à la vie des êtres raisonnables, à la vie céleste, et leur apprendre à s'oublier pour devenir les dociles serviteurs de Dieu. Non-seulement on leur interdira ce qui est défendu, mais on prendra bien garde que, dans l'usage des choses permises, ils ne se portent avec trop d'empressement vers les choses périssables, et qu'ils ne se plongent dans le plaisir qu'elles causent : retirons-les donc peu à peu de ces œuvres qui leur causent de trop grandes préoccupations, et forçons-les de s'élever à Dieu.

2° Il est si important de garder sa langue, qu'il faut apporter plus de soin à cette garde qu'à la conservation de la pupille de l'œil; car « la mort et la vie sont au pouvoir de la langue (Prov., xviii, 21). » L'homme « qui ne peut retenir son esprit en parlant, » est comparé à « une ville ouverte et sans murailles (Prov., xxv, 28). » Pas de vertu qui dure, si la langue n'est contenue dans le devoir; par elle en effet toute vigueur de l'âme se dissipe et s'évanouit. Proposons-nous donc de ne consentir jamais à proférer une parole, même une seule, que pour l'honneur de la gloire divine, et pour notre utilité ou celle du prochain en vue de la vertu. Il est un mode à conserver dans les bonnes choses ; c'est celui que prescrit saint Bernard : «que nos paroles aillent deux fois à la lime plutôt qu'une seule fois à la langue. »

3° Dans tous nos actes extérieurs, nous devons tellement régler nos habitudes, que ceux qui nous regardent ne voient en nous rien à reprendre. Or la discipline extérieure consiste tout entière à se montrer plein de maturité, d'humilité, de bienveillance. La maturité règle l'esprit et le corps ; elle met en garde les sens contre l'erreur, la langue contre les paroles oiseuses, tous les membres contre des mouvements désordonnés et sans repos. L'humilité fait asseoir à la dernière place ; elle fuit la singularité, rend souple à l'obéissance, muet devant l'opprobre, difficile à l'indignation. Par la bienveillance, on est affable, agréable, bienfaisant, sociable avec tout le monde. Or, la maturité tempère la bienveillance, elle empêche qu'on ne lui trouve de la légèreté ; elle tempère aussi l'humilité, qui paraîtrait tomber trop dans l'abjection. La maturité elle-même est tempérée par la bienveillance et par l'humilité ; autrement on la regarderait comme austère et fastidieuse.

III

Quant à la mortification extérieure, elle doit prendre sa source dans la mortification intérieure, qui l'emporte sur elle de toute la noblesse de l'âme au-dessus du corps. Et de fait un extérieur sévère, sans un intérieur cultivé qui le féconde, est impuissant à la génération des vertus dans l'âme, aussi bien qu'à la conservation de celles qui y sont écloses. Or une mortification de ce genre a son objet propre.

1° Elle doit d'abord s'occuper à donner une loi à la fantaisie ou imagination, qui enchaînerait l'esprit dans des pensées vaines, inutiles et superflues dont il faut absolument le débarrasser : l'esprit ne doit en avoir qu'une , la pensée de ce qui est utile, de ce qui est saint, de ce qui est nécessaire.

2° L'appétit sensitif, ses affections, ses passions, origine de tous les crimes , aussi bien que de toutes les imperfections , et cause primitive de notre perdition , doivent être tellement gouvernés que, loin de se laisser aller à de brutaux entraînements , ils se soumettent au juste empire de la raison, autant qu'il est possible dans ce monde ; de sorte qu'ainsi formés,—nous n'aimions, nous ne désirions que les choses célestes ;—nous n'ayons de la haine et de l'horreur que pour les péchés ;—l'acquisition des vertus fasse notre joie , leur perte notre tristesse ;

— nous extirpions de nos âmes tout amour-propre , et nous ne craignions plus que Dieu seul.

3° Les facultés de l'âme raisonnable doivent être réglées de manière à renouveler l'homme intérieur , que Dieu créa à son image et à sa ressemblance. Surtout qu'il y ait abnégation de notre volonté propre dans notre intérieur et notre extérieur , dans le temporel et le spirituel , dans toutes choses, enfin, au point que nous ne désirions , nous ne disions, nous ne fassions rien pour satisfaire cette volonté , que nous ne suivions ni le caprice ni la coutume dans nos travaux, mais que nous rapportions tout à la volonté de Dieu et à sa gloire.

IV

Il faut imiter les soldats qui s'exercent et se préparent dans des luttes feintes aux combats véritables. En conséquence, nous devons scruter autour de nous tous les accidents qui peuvent nous arriver, feindre même qu'ils nous sont arrivés; puis agir comme si c'étaient des faits accomplis, c'est-à-dire exercer les divers actes de mortification qu'exigerait cet accomplissement. Imitons également les moines qui se cloîtrent pour toujours: cloîtrons-nous à toujours en nous-mêmes, et faisons vœu de rester, comme dans le plus rigoureux des

monastères, sous la direction de Jésus-Christ, notre Roi, notre Précep-
teur, sans jamais agir qu'en vertu de
son ordre. Pour faire le moindre mouvement des yeux, des mains ou des
pieds, pour la moindre modification
de la bouche qui affectera le visage,
pour les divers exercices des sens ou
des facultés de l'âme, nous lui en de-
manderons la permission dans notre
cœur qui est la cellule qu'il habite; si
nous croyons qu'il nous l'ait accor-
dée, si nous le croyons d'après les
inspirations d'une conscience pure et
libre d'affections coupables, alors il
nous sera loisible de parler et d'a-
gir comme nous nous l'étions proposé.

Que si parfois la mauvaise habitude
donne libre carrière aux sens, nous

devons sans retard les ramener dans leur cellule, et nous accuser humblement au Maître d'avoir été de négligentes sentinelles. Ainsi peu à peu nous apprendrons à ne parler, à n'agir qu'en présence de Dieu et pour Dieu, dans l'intérêt de sa plus grande gloire, faisant tous les sacrifices afin de nous unir aux souffrances et aux travaux de Notre-Seigneur Jésus-Christ.

V

Nous devons, en outre, imiter ces pèlerins qui marchant à leur but par une grande route, n'inclinent ni à droite ni à gauche. S'ils voient par hasard des gens qui se querellent, d'autres qui pleurent, d'autres qui dansent, ils n'y font nulle attention, parce que ce n'est pas leur affaire. Nous, de même, nous devons nous abstenir des soucis, des sollicitudes du siècle pour élever nos regards et nos soupirs vers notre céleste patrie. Mais comme le pèlerin peut quelquefois être arrêté par l'occasion, attardé même plus qu'il ne convient, nous ferons nos efforts ultérieurement pour être comme des cadavres, n'éprouvant rien de ce qui flatte les sens, et disant avec l'Apôtre : « Je vis, ou plutôt ce n'est plus moi qui vis, mais c'est Jésus-Christ qui vit en moi (ÉP. AUX GAL., II, 20); » mort à tout le reste, je n'ai de sentiment, d'attention, de souci que pour un seul objet : que Jésus-Christ commande, et son ordre me trouvera vivant et prêt à l'œuvre.

Enfin, si nous voulons parvenir à la mortification parfaite, il faut être non-seulement morts, mais crucifiés pour le monde, comme dit le même Apôtre : « Le monde est mort et crucifié pour moi, comme je suis mort et crucifié pour le monde (ÉP. AUX GAL., VI, 14). » Ce doit être, en effet, une croix pour nous que tout ce qu'aime le monde : le plaisir de la chair, les honneurs, les richesses, les vains éloges des hommes ;— et, d'un autre côté, nous devons nous prendre et nous attacher à tout ce que le monde regarde comme une croix ; nous devons l'embrasser de toute l'ardeur de nos affections. Dure nécessité pour la chair et le sang ; mais de plus dures ont été souffertes par notre Roi, Jésus-Christ, pour notre rachat, et «c'est par beaucoup de peines et d'afflictions que nous devons entrer dans le royaume de Dieu (ACT., XIV, 21). »

A
pou
saire
foi, p
par l
ment
tus d
pelle
Chris
faire
a cett

TREIZIÈME MÉDITATION.

DE L'ÉTUDE DES VERTUS.

I

Après avoir par l'abnégation dépouillé le vieil homme, il est nécessaire d'en revêtir un nouveau par la foi, par l'espérance, par la charité, et par les autres vertus qui sont les vêtements et les ornements de l'âme, vertus dont la pratique est ce qu'on appelle suivre et imiter notre Roi, Jésus-Christ. Or la vertu est une habitude de faire le bien, qui rend bon celui qui a cette disposition naturelle; c'est une heureuse qualité de l'âme, grâce à laquelle nous vivons conformément aux lois de la justice, et dont nul ne fait un mauvais usage; c'est un supplément à la nature, d'elle-même inapte aux biens surnaturels; c'est une facilité aux bonnes œuvres, par laquelle nous vivons honnêtement et saintement, nous résistons au vrai mal, le péché, nous arrivons au comble des mérites, et nous gagnons la vie éternelle.

Or, parmi les vertus, il y en a de théologiques, qui d'abord et par elles-mêmes ont rapport à Dieu; il en est de morales, qui s'exercent à l'occasion des objets créés et font passer la vie dans l'honnêteté. Les vertus théologiques sont au nombre de trois : la Foi, l'Espérance, la Charité. Les vertus mo-

rales sont plus nombreuses ; toutes
cependant se rangent sous quatre
chefs très-connus, qui étant la source
et pour ainsi dire le fondement des
autres, sont appelées fondamentales
ou cardinales ; ce sont la Prudence,
la Justice, la Force et la Tempérance,
qui toutes doivent être l'objet de notre
étude et de nos fervents efforts.

Chaque vertu aussi a trois degrés.
Le premier est un commencement de
vertu ; on le trouve dans ceux qui s'essayent : à ce degré, la vertu opère
avec difficulté ; souvent contrariée,
elle cède, et les actes intérieurs l'occupent moins que les actes extérieurs.
Le second degré est ce progrès de la
vertu chez ceux qui s'avancent dans
ses voies ; la vertu y marche avec
moins de peine, elle résiste plus for-

tement, et s'élève des choses extérieures aux choses intérieures. Le troisième est la perfection de la vertu, et les parfaits l'ont en leur possession : dans ce degré, la vertu s'exerce avec une entière facilité, avec une parfaite tranquillité. Maintenant c'est à nous de voir dans quel degré nous nous trouvons, et de faire tous nos efforts pour parvenir à ce dernier.

II

Les actions humaines sont la source de toutes les vertus, ce qui doit se dire non-seulement de celles que l'on acquiert, mais encore de celles qui sont en quelque sorte infuses, bien que celles-ci soient attribuées à notre

Seigneur; car en répétant les actes, nous méritons que le nombre s'en accroisse. Aussi le premier soin à prendre pour acquérir ou pour augmenter en nous chacune des vertus, c'est d'en étudier exactement la nature, les actes et les propriétés. Ensuite, après avoir pris connaissance d'une vertu, il faut, en considération des faces innombrables de son excellence, l'élever dans son estime au-dessus de tous les biens créés, et se laisser emporter par un désir ardent de l'avoir en sa possession. Puis, comme la vertu est l'œuvre de la grâce, nous devons placer notre confiance en Dieu seul, et lui demander par de continuelles et ferventes prières cette vertu désirée. Ne laissons, d'ailleurs, passer aucune occasion qui s'offre de l'exercer, soit dans la prospérité, soit dans l'adversité ; car le moyen le plus sûr d'acquérir et de conserver les vertus, c'est de les exercer, c'est de les mettre constamment en pratique. Appliquons-nous donc principalement à celles qui sont d'un plus fréquent usage, comme la patience, la tempérance, l'humilité et ce qui convient plus particulièrement à notre état. Du reste, il est bon d'en choisir une dont nous nous occupions spécialement, et sur laquelle nous fassions deux fois par jour un examen particulier.

Enfin, comme nous nous laissons parfois décevoir par l'apparence d'un plus grand bien ou d'une suffisante perfection, il faut distinguer les vertus vraies des fausses, et voici le premier signe pour les reconnaître. Une vertu est véritable, quand par elle l'homme se conforme aux paroles, aux exemples, aux actions de Notre-Seigneur Jésus-Christ, surtout à son humilité et à sa charité. Le second signe, c'est quand on imite les saints dans la pratique de ces vertus, de manière à ne rien approuver qui ne soit conforme à leurs règles et à leurs mœurs. Le troisième signe est la prudence ou le discernement, qui engendre toutes les vertus, et sans lequel il n'en peut exister aucune. Le quatrième consiste dans l'union et la connexion d'une vertu avec toutes les autres ; car, sans ce mélange, il ne peut y en avoir aucune de véritable.

III

En conséquence, nous reconnaîtrons que nous sommes en possession d'une vertu, si nous sentons que les vices opposés à cette vertu sont éteints dans notre âme, ou du moins en grande partie comprimés ; si nous voyons nos passions soumises au frein de la raison ; si nous faisons des actions vertueuses facilement et avec plaisir ; si nous avons un violent désir de croître en vertu ; si nous sommes vivement affligés quand la fragilité humaine nous fait commettre un acte que la vertu condamne ; si les paroles des tièdes et les reproches des autres nous trouvent insensibles ; si nous

nous efforçons de faire notre profit de toutes choses ; si, ne tenant qu'au témoignage de notre conscience, nous gardons et cachons en nous-mêmes nos bonnes œuvres ; si la voie de la vertu semble, non plus ardue et difficile, mais plane et sans obstacle.

Tels sont les signes d'une vertu qui nous est devenue propre. Si nous les trouvons en nous, rendons à Dieu de très-grandes actions de grâces. Si l'on ne peut les y remarquer, redoublons d'efforts pour acquérir l'ensemble des vertus, de sorte qu'allant de l'une à l'autre, nous méritions enfin de ressembler à Jésus-Christ, Notre-Seigneur, qui est le modèle de toutes les vertus.

QUA

La
et d
lenc
tien
d'ob
appe
avec
Dieu
des
écrit

QUATORZIÈME MÉDITATION.

DE L'ÉTAT RELIGIEUX.

I

La *religion*, cette école des vertus et de la sainteté, est un état d'excellence qui tend à la perfection chrétienne par les trois vœux de pauvreté, d'obéissance et de chasteté ; et l'on appelle *religieux* ceux qui, rompant avec le siècle, se consacrent à servir Dieu sans relâche, s'y astreignent par des vœux perpétuels, et dont il est écrit : « Vous êtes morts, et votre vie

est cachée en Dieu avec Jésus-Christ
(ÉP. AUX COL., III, 3). »

On dit l'*état religieux*, parce que le
genre de vie de ceux qui en font profession est stable, fixe, perpétuel, im-
mobile. La dignité de cet état et sa
grandeur peuvent se conclure de plusieurs considérations.

Premièrement, en effet, les religieux, supérieurs à toutes les choses
de ce monde, les tiennent toutes au-
dessous d'eux, n'ont pour elles que
du mépris, les regardent comme un
fumier, et, loin de les rechercher,
comme font ces mondains qui ne respirent que pour elles, ils rejettent
celles qui s'offrent d'elles-mêmes et
qui leur viennent en abondance, et
ne désirent que les choses célestes.

2° La vie que nous menons dans les

couvents est toute à l'image de celle du Christ, comme un portrait que fait un peintre d'après un modèle : notre pauvreté imite la pauvreté de Celui qui n'eut pas où reposer sa tête; notre chasteté rivalise avec la chasteté de Celui qui fut la splendeur de la vraie lumière; notre obéissance a pour type Celui qui se soumit aux autres, et se fit obéissant jusqu'à la mort; enfin toutes nos inclinations se conforment à ce modèle, qui fut montré au monde entier sur la montagne du Calvaire.

3° Notre vie est semblable à celle des Apôtres, au nom désquels Pierre dit à Jésus-Christ : « Vous voyez que nous avons tout quitté et que nous vous avons suivi (S. MATTH., XIX, 27). »

4° De l'aveu de tous les saints Pères,

l'âpreté de la vie religieuse est un martyre perpétuel, d'autant plus terrible qu'il a plus de durée, et tel que nous pouvons nous associer à ce chant du Prophète : « Nous sommes tous les jours livrés à la mort à cause de vous, et nous sommes regardés comme des brebis destinées à la boucherie (Ps. XLIII, 24). »

5° Les religieux, par cela même qu'ils se donnent à Dieu sans réserve, sont le temple de Dieu et le plus agréable de ses holocaustes ; la vie religieuse, elle, est bien supérieure à la dignité des rois, comme on le voit dans un opuscule de saint Chrysostôme : c'est un avant-goût du bonheur dont on jouit dans la patrie céleste ; dans l'exil de cette terre, c'est un paradis. Il ne manque, d'ailleurs, à cet état aucun des ornements que prise le monde, le relief de l'antiquité, l'éclat de la naissance, l'illustration des faits, l'excellence de la doctrine et des vertus ; tous les ordres religieux, en effet, tous, ont eu des hommes éminents pour fondateurs, et ils ont donné au monde tant de personnages supérieurs par leur science, leur vertu, leur sainteté, que les compter est impossible. Gardons-nous donc de déshonorer par une conduite condamnable une si haute dignité.

II

On regarde comme un grand honneur d'être au service d'un roi de la terre ; comme un honneur suprême d'être attaché à sa maison et du nombre de ses amis. Mais les religieux, ce n'est pas d'un prince mortel, c'est de Celui qui emporte la vie des princes, qu'ils sont dits de sa cité, de sa maison : « Vous êtes, écrit l'Apôtre, citoyens de la même cité que les saints, et domestiques de la maison de Dieu (ÉP. AUX ÉPH., II, 19). » Et le Dieu suprême a daigné de sa propre bouche les compter parmi ses amis, quand il a dit : « Je ne vous appellerai plus serviteurs, mais je vous appellerai mes amis, parce que je vous ai fait savoir tout ce que j'ai appris de mon Père (S. JEAN, XV, 15). » Et non content de ce degré de l'amitié, il les a élevés aux liens plus étroits de la parenté, quand il a dit : « Quiconque fait la volonté de mon Père, qui est dans les cieux, celui-là est mon frère, ma sœur et ma mère (S. MATTH., XII, 50). » A qui conviennent mieux ces paroles qu'aux religieux? N'ont-ils point, par des liens perpétuels, voué leur propre volonté à l'accomplissement de la volonté divine?

Mais on trouve entre l'âme du religieux et le Christ une autre union, qui mérite à cette âme d'être l'épouse de Celui dont le soleil et la lune admirent la beauté. Il lui dit par la voix du Prophète : « Je vous rendrai mon épouse pour jamais; je vous rendrai mon épouse par une alliance de justice et de jugement (OSÉE, II, 19). » Or, il n'y a point d'éloquence capable de mettre dans son jour la grandeur de cette dignité.

Enfin au jour du jugement, jour par

excellence, alors que tout sera plein de terreur et d'horribles calamités, les religieux viendront prendre part à ses magnifiques récompenses ; assis près du souverain Juge, ils iront de là porter la sentence de salut à ceux qui devront prendre place à la droite de Jésus-Christ, et la sentence de damnation à ceux qui auront la gauche en partage. « Vous qui m'avez suivi, a dit le Juge lui-même, quand le Fils de l'homme sera assis sur le trône de sa gloire, vous aussi vous serez assis... comme juges (S. MATTH., XIX, 28). » Bien que ces paroles aient été principalement adressées aux apôtres, elles ne concernent pas moins tous les religieux : tous les théologiens l'enseignent, et la raison l'établit; car nous, nous faisons profession de la même vie que les apôtres, et nous devons, par tous nos efforts, faire cadrer avec cette profession l'innocence et la sainteté de nos mœurs.

III

L'état religieux a des utilités sans nombre. En voici quelques-unes :

1° Il nous éloigne des occasions du péché, et de toutes les choses créées, même licites et permises : d'où il suit que, débarrassés de tous les obstacles, nous sommes plus dégagés et plus aptes aux œuvres célestes.

2° Une profession solennelle est un second baptême par lequel nous obtenons la rémission de tous nos péchés.

3° Aucune satisfaction ne peut égaler la pénitence des religieux; car l'expiation du plus grand crime ne force point son auteur à subir un tel genre de vie.

4° Les religieux, libres des soins et des sollicitudes de ce monde, peuvent vaquer plus attentivement au service de Dieu, et ils sont parfaitement sûrs d'exécuter en tout sa volonté, s'ils ne s'éloignent pas de leur institution.

5° Le chemin du ciel est enveloppé de profondes obscurités, des difficultés sans nombre l'obstruent de leurs épines; mais l'homme en religion a pour guides les docteurs les plus éclairés, qui le soutiennent s'il chancelle; qui, s'il erre, le dirigent; s'il tombe, le relèvent; s'il combat, le secourent; qui suppléent à son ignorance, protégent sa faiblesse, et lui donnent de vive voix, par écrit et dans leurs statuts, les règles d'une vie exemplaire.

6° La religion est un corps dont chacun de nous est un membre : aussi nous aidons-nous réciproquement et par la parole, et par l'exemple, et par la charité mutuelle, et par la communication de tous les biens, de sorte qu'on peut dire de nous avec vérité : « Le frère qui est aidé par son frère est comme une ville forte (PROV., XVIII, 19). »

Enfin l'homme en religion, d'après saint Bernard, vit plus purement, tombe plus rarement, se relève plus promptement, marche plus sûrement, est arrosé de la grâce plus fréquemment, se repose avec plus de sécurité, meurt avec plus de confiance, est plus tôt quitte de l'expiation et plus largement récompensé.

Il vit plus purement, car il a pour cela les moyens les plus efficaces, qui sont l'usage des sacrements, la prière, la méditation, l'examen de conscience, la lecture spirituelle, la société des hommes vertueux. — Il tombe plus rarement, parce qu'il est fortifié par la grâce divine, qu'il vit loin des occasions de chute, et qu'il suit les traces de Jésus-Christ. — Il se relève plus promptement, parce qu'il est tombé moins rudement et que les grâces lui viennent en abondance. — Il marche plus sûrement, à cause des exemples que lui donnent ceux avec lesquels il vit; parmi eux, il craint plus d'offenser Dieu, et il connaît toute la laideur du péché, toute la beauté de la vertu. — Il est arrosé de la grâce plus fréquemment, car la source des grâces est plus voisine, et il est mieux préparé à en recevoir les jets célestes. — Il se repose avec plus de sécurité, car il n'éprouve ni remords de la conscience, ni affections désordonnées, ni soucis temporels. — Il meurt avec plus de confiance, parce que nul amour des choses passagères ne le captive, qu'il n'a sur la conscience aucune faute un peu grave, que depuis longtemps il est familier avec la lutte, qu'il est pourvu de bonnes œuvres, et fortifié par les prières de ses frères et par l'assistance des bienheureux. — Il est plus tôt quitte de l'expiation, parce qu'il a déjà satisfait pour ses fautes, et que les vœux de ses frères lui viennent en aide. — Il est plus largement récompensé, parce qu'il a plus travaillé dans l'Église militante, et que ses œuvres ont plus de prix à raison des vœux qu'il a faits.

Ces points une fois examinés, on doit être frappé d'une considération : quels supplices et quel opprobre sont réservés dans l'avenir à ces religieux qui, par une conduite criminelle, se sont rendus incapables de recueillir les fruits de la vie religieuse, et qui sont morts d'inanition au milieu de tant de richesses !

IV

A l'utilité se joint un agrément suprême, un charme souverain. Que l'on y réfléchisse en effet :

1° Cet état nous délivre de toutes les peines, de tous les chagrins de la vie séculière, si nombreux qu'on peut à peine trouver une maison, riche ou pauvre, qui n'ait été le théâtre de quelque lamentable tragédie.

2° Toute sa discipline n'a rien que de facile et de léger ; tout l'ensemble de son institut est d'une extrême douceur. Quoi de plus doux, en effet, que de pouvoir, dans l'apaisement des passions, vivre conformément à la raison? Quoi de plus agréable pour l'âme, cet être spirituel, que d'avoir les délices spirituelles en abondance ? Et voilà ce qu'on trouve infailliblement en religion.

3° Il est, d'ailleurs, de grandes consolations que chaque religieux puise très-largement dans la prière et la méditation ; car les larmes de ceux qui prient sont plus douces que les joies dont retentissent les théâtres.

4° Une perpétuelle allégresse nous est apportée par une parfaite sérénité d'âme, fruit d'une bonne conscience et avant-goût en quelque sorte de l'éternelle félicité.

5° Ajoutez ces habitudes fraternelles vraiment délicieuses, et cette amitié sincère dont la source est dans la ressemblance des mœurs, des études, de l'habillement même ; puis la vertu et la probité, la grâce du langage et l'érudition, les services que l'on se rend, les consolations que l'on se prodigue dans l'adversité, les entretiens pleins de douceur, les bienfaits conférés et reçus tour à tour.

6° Il est grand sans doute le plaisir que procurent les sciences et les études variées des arts libéraux. Ces études, en effet, sont dans une intime harmonie avec la nature humaine ; elles s'adressent à la partie la plus noble de l'homme et la font voir dans tout son lustre. Oui, mais bien autres sont pour les religieux les consolations qu'ils tirent d'une inviolable chasteté, de la conversion des âmes, des bienfaits (selon la divine promesse) rendus au centuple, et d'une foule d'autres sources auxquelles notre vie doit

une telle sérénité, qu'il en faut tirer
cette conclusion : la vie religieuse est
ce qu'il y a de plus heureux, de plus
délicieux au monde.

V

La religion est donc ici-bas un paradis, où nous devons, en conséquence, mener une vie semblable à
celle que les anges mènent dans les
cieux, sans pouvoir cependant porter
aussi loin qu'eux la vertu. Les anges
ne cessent jamais d'aimer Dieu, de le
louer, de l'adorer ; jamais ils ne dé-
tournent de lui leurs regards, bien
que parfois il les envoie sur la terre
exécuter ses ordres ; ils sont attentifs
et constants près de Dieu dont la vo-

lonté trouve en eux d'inébranlables adhérents.

Et nous aussi, nous nous efforcerons sans relâche de l'aimer, de le bénir aussi bien dans le malheur que dans la prospérité ; nous ne cesserons de porter vers lui nos pensées par la considération des fondements de la foi, par l'union de la charité, en persévérant toujours dans le bien, en nous conformant à ses désirs.

Les anges sont doux, bienveillants, pacifiques, humbles, soumis à Dieu, ornés de toutes les vertus. Et nous aussi, nous serons dociles, doux, modestes, vertueux ; nous rivaliserons avec eux d'irréprochable chasteté, d'amour sans bornes, et de perfection portée de tout point à son comble.

Qu'on se garde de croire que l'as-

piration à ces degrés sublimes est té-
méraire ; car nous fûmes appelés à de
plus élevés encore par ces paroles :
« Soyez parfaits comme votre Père céleste est parfait (S. MATTH., v, 48). »

QUINZIÈME MÉDITATION.

DU BIENFAIT

DE LA VOCATION RELIGIEUSE.

I

Qui donnera à notre intelligence assez de lumières pour connaître la grâce et l'honneur dont Dieu nous a comblés en nous appelant, non pour nos mérites, mais par sa miséricorde à un état où tant de biens abondent? Personne, en effet, ne peut venir ici [1]

[1] L'auteur était dans le cloître lorsqu'il composa cet ouvrage.

ni entrer en religion, si le Père céleste ne l'y pousse par une vocation spéciale, et cet appel n'est entendu que par ceux-là seuls à qui, d'en haut, il est donné de l'entendre.

Maintenant après ce qui précède sur les avantages de la vie religieuse, il doit être admis et bien établi que, parmi les bienfaits que Dieu a conférés à notre âme, ou qu'il peut conférer en ce monde, celui de la vocation religieuse tient la première place. Or, il y faut principalement considérer deux choses : l'extrémité d'où l'on part et l'extrémité où l'on tend. Car ce bien s'accroît nécessairement du mal auquel nous échappons, par la raison que l'homme arraché à la servitude doit d'autant plus à son libérateur, que la prison d'où il est sorti était plus triste et plus affreuse. Nous donc, de quelle prison Dieu nous a-t-il fait sortir? D'un monde plein de misères, de péchés, d'infortunes et de malheurs; plein d'ambition, de concupiscence et de piéges sans nombre; d'un monde où l'ordre n'est nulle part, où partout est la confusion; où règnent les ténèbres et l'aveuglement, où tout passe et fuit; où les lois sont pernicieuses, les exemples mortels à l'âme, et ceux qui poussent au mal en nombre effrayant. C'est de cet abîme de misères et de calamités que Dieu nous appela, et nous lui devons d'avoir été transférés dans un vrai paradis terrestre, dans un état que l'agglomération de tous les biens rend parfait autant qu'il est possible dans les conditions de la vie mortelle; état

où nous siégeons avec les princes, où
nous occupons un trône de gloire.

II

Imaginons une jeune fille dont le
père est criminel d'État ; couchée sur
le fumier, manquant de tout, exposée
à l'injure des bêtes sauvages, elle n'a
pas la force de se débarrasser de la
poussière qui la couvre ni du fumier
où elle languit. Imaginons encore que
par là passe le roi, qui, voyant cette
jeune fille (dont le père le trahit) en
proie à tant de misères, s'émeut de
compassion, veut qu'on la relève,
qu'on la conduise dans son palais,
qu'on l'habille en reine, qu'on l'orne
de pierres précieuses, qu'on la pare

d'un diadème royal, et la prend ainsi pour épouse et l'associe à son empire. Certes cette jeune fille n'aurait pas d'aiguillon plus actif de son amour pour le roi, que la considération de sa misère ancienne et de sa gloire présente.

Eh bien ! c'est l'image de ce qui nous est arrivé, quand, retirés des vanités du siècle, nous avons été appelés en religion par la bonté divine : cela est si évident qu'il faut avoir entièrement perdu l'esprit pour méconnaître un tel acte de munificence. Nous devons donc beaucoup à Dieu, qui nous a comblés de bienfaits si nombreux, de préférence à d'autres, même plus préparés que nous à les recevoir, eux qui seraient plus saints et plus parfaits, si le Seigneur leur eût fait de si grands

avantages. Aussi tâcherons-nous par
nos bonnes œuvres d'assurer notre vocation, pour ne pas entendre, à la fin
de notre pèlerinage, cette terrible sentence : « Il a fait le mal dans la terre
des saints, il ne verra point la terre
du Seigneur. (Isa., xxvi, 10.) » Car si
venir en religion est la voie suprême
de la perfection, ne pas vivre parfaitement en religion est la voie suprême
de la damnation.

III

Dans cette grâce de la vocation,
comme dans une graine, est renfermée
la vertu qui nous rend aptes à faire
tout ce qu'embrasse le régime propre
de notre institut. Elle donne en effet

la lumière à l'intelligence, la force à la volonté, aux autres facultés l'énergie dont elles ont besoin. Nous serions donc bien coupables, si, par notre indolence, cette semence divine était étouffée et ne produisait pas les fruits qu'attendent de nous et Dieu et les hommes. Pour éviter un tel malheur, quelques précautions sont indispensables.

1° Gardons-nous de l'erreur où tombent quelques religieux qui, ne connaissant pas, ou mettant en oubli la fin pour laquelle la religion fut instituée, ne s'occupent qu'à confesser, qu'à prêcher, qu'à étudier les belles-lettres, qu'à régler des affaires temporelles, sans aucun souci de leurs affections, ni de leur propre progrès vers la perfection. Sans doute, après force travaux, ils seront estimés comme confesseurs, prédicateurs, professeurs, économes, mais non comme religieux; et en conséquence, à la fin de leur vie, Dieu les punira comme déserteurs de leur saint institut, parce qu'il les trouvera vides de vertus.

2° N'imitons pas non plus ceux qui, uniquement occupés d'observances extérieures, sont d'une parfaite exactitude pour les jeûnes, les veilles, le chant et toutes les autres prescriptions de ce genre portées dans les statuts, mais à qui manque l'esprit intérieur qui les vivifie ; ils ressemblent aux Pharisiens qui, pleins de vices à l'intérieur, n'observaient la loi qu'à l'extérieur et s'en glorifiaient. Aussi ces religieux, après plusieurs années de cloître , sont-ils impatients , orgueilleux, sensuels, irascibles, comme au temps de leurs relations avec le siècle, et cela parce qu'ils ne se consacrent point à la mortification et à l'étude des vertus.

3° Gardons-nous d'être comptés parmi d'autres qui, sous prétexte d'exercices intérieurs, négligent toute discipline extérieure, et se dispensent facilement des jeûnes, des veilles et des autres austérités. Non, piété interne, œuvres externes doivent s'associer de manière à se prêter un mutuel appui, à ce que l'homme intérieur et l'homme extérieur soient également pénétrés des vrais principes de la religion; car le but de notre vocation est que nous soyons saints et sans tache devant Dieu et devant les hommes.

———

ri
af
se
lo
rc
te
to

SEIZIÈME MÉDITATION.

DES TROIS VOEUX

DES RELIGIEUX.

I

La perfection chrétienne et la charité rencontrent trois obstacles : les
affaires temporelles, les plaisirs des
sens et la perversité propre de la volonté. Tous trois sont vaincus par les
vœux solennels de pauvreté, de chasteté et d'obéissance ; grâce à ces vœux,
toute barrière s'abaisse, et nous pou-

vons en liberté nous attacher à Dieu et ne servir que lui seul.

La pauvreté est une vertu par laquelle, de nous-mêmes et en vue de Dieu, nous renonçons à toute propriété des choses temporelles. Nous l'aimons, nous la recherchons par divers motifs bien puissants.

1° Nous avons les exemples particuliers de Jésus-Christ et de tous les saints qui, par un effet de leur choix, ont vécu dans une entière pauvreté.

2° Comme la cupidité est la racine de tous les maux, son extirpation est le fondement de la perfection évangélique ; et en effet voici les premiers mots que dit le Christ au jeune homme qui le consultait : « Si vous voulez être parfait, allez, vendez ce que vous avez et le donnez aux pauvres (S. MATTH., XIX, 21). »

3° La pauvreté est un rempart contre les embûches et les attaques soudaines des démons ; elle est la mère de la paix profonde et du parfait repos ; elle élève une barrière entre l'âme et les créatures, qui, nous tenant attachés à la terre, nous empêchent de prendre notre essor vers les choses célestes.

4° Par elle, nous mettons toute notre confiance en Dieu, et nous ne dépendons plus, sous aucun rapport, que de sa souveraine providence.

5° Elle nous acquiért des biens au centuple dans cette vie, et dans l'autre la félicité éternelle.

Elle a plusieurs degrés. Le premier

consiste à laisser, conformément à
nos vœux solennels, tous les biens
temporels que nous avons présentement ou que nous pourrons avoir
dans la suite, pour suivre, dépouillés
de biens, le Christ qui n'en eut jamais; — Le second, à ne posséder
absolument rien après que l'on a
prononcé ses vœux, à ne rien donner,
ni recevoir, ni prêter; à ne s'occuper
en aucune façon d'aucun objet, à
l'insu du supérieur; — Le troisième,
à se contenter du seul nécessaire
dans la nourriture, dans le vêtement
et dans tout le reste, et à retrancher
tout le superflu; — Le quatrième, à
user du nécessaire sans s'y asservir,
sans s'y attacher aucunement, se gardant bien de tout sentiment excessif;
— Le cinquième, à désirer, à recher-

cher ce qui a le moins de prix, et à se priver volontiers du nécessaire même; — Le sixième, à se glorifier de la pauvreté comme de ce qu'il y a de plus beau au monde, et à se contenter de peu alors même que l'on est malade; — Le septième, à s'attacher avec ardeur, non par entraînement, mais en toute réalité, à la pénurie et à la gêne; enfin à contracter, par amour des choses célestes, le dégoût même du nécessaire.

Or, nous devons interroger notre conscience, voir auquel de ces degrés nous sommes parvenus, et nous efforcer d'atteindre au dernier le plus promptement possible. Vanité que de ne vouloir rien souffrir quand on a fait vœu d'être pauvre! Celui qui met véritablement ce vœu en pratique ne s'attache à rien, pas même au nécessaire; il n'use pas comme de son bien des choses qu'on abandonne à son usage, mais il les conserve comme le bien d'autrui. Il est prêt enfin à supporter toutes les pertes avec une parfaite égalité d'âme, qu'elles soient imposées par la nécessité, ou exigées comme épreuves de sa soumission.

II

La chasteté du religieux n'est rien autre chose qu'une parfaite pureté de l'âme et du corps, au moyen de laquelle, en vue de Dieu, l'homme garde son corps comme un vase inviolable, et conserve son âme libre de toute passion. De nombreuses considérations établissent l'excellence et l'utilité de cette vertu : elle conserve l'homme tel que Dieu l'a créé; elle éclaire l'intelligence , afin qu'elle puisse avoir sur toute chose des connaissances exactes; elle affranchit le cœur de la servitude, établit l'homme dans son domaine et le rend son maître; elle est une source indicible de douceurs, de voluptés de l'âme et de richesses spirituelles; ceux qui se livrent à son culte ressemblent aux anges qui ne sont jamais ni époux, ni épouses; elle est le salut du corps et le charme de la vie; elle prépare notre âme à recevoir les dons célestes et à s'unir à Dieu ; enfin, elle a dans le ciel une gloire spéciale qui la décore.

Ses degrés sont au nombre de sept : 1° Abjurer par un vœu tous les plaisirs des sens ; 2° Écarter de son âme et de son corps toute sensation contraire à cette vertu ; 3° Garder son cœur et sa langue tellement purs, que l'impureté n'ait pas en nous un mot qui la représente ; 4° S'infliger des punitions corporelles ; 5° Comprimer ses sens, et repousser les tentations de l'impudicité ; 6° Même en songe résister aux mouvements coupables ; 7° Rivaliser de pureté avec les anges.

Pour acquérir et conserver cette vertu, les aides les plus puissants seront l'humilité de l'âme et sa soumission ; de ferventes prières pour demander à Dieu lui-même ce don spécial ; l'exercice des autres vertus, surtout de l'abstinence, de la sobriété, de la modestie ; l'éloignement de ces conversations pleines de charme, et de ces sentiments d'une tendre affection, qui prennent naissance dans les relations avec quelques personnes ; la fuite des occasions de chute et la surveillance des sens ; je ne sais quelle âpre sévérité de vie et de mœurs, qui craint de trop se délasser dans de joyeux amusements ; la pensée de la présence de Dieu ; la méditation de la mort ; et, dans toutes nos actions, dans tous nos rapports, une circonspection pleine de prudence.

III

Le vœu d'obéissance est le princi-
pal; l'état religieux est là tout entier.
Que l'on fasse profession de pauvreté
et de chasteté, sans s'astreindre au
vœu d'obéissance, on ne sera pas un
religieux. Or, voici l'origine, le fondement et, pour ainsi dire, la racine
d'une parfaite obéissance : que le supérieur nous tienne lieu de Dieu
même; que ce soit véritablement la
foi de notre âme, de nos affections intérieures, ajoutant ces affections intérieures au respect que nous avons
pour lui extérieurement, le considérant comme le vicaire et l'interprète
de Dieu, de manière à aimer, à enten-

dre, à vénérer en lui Jésus-Christ, notre Seigneur.

Or, il y a trois degrés dans l'obéissance. Par le premier, nous exécutons les ordres des supérieurs; par le second, nous conformons notre volonté à celle du prélat; par le troisième, nous soumettons notre jugement à ses lumières.

Pour atteindre au premier degré, il faut se résoudre à divers actes de soumission : 1° Ne se consacrer à aucune affaire, à aucune occupation, quels qu'en soient les avantages, avec une telle ardeur que nous éprouvions des difficultés, si, pour obéir aux ordres qu'on nous donne, nous sommes arrachés à ces occupations et appliqués à d'autres travaux; — 2° Conserver son cœur libre de toute affection pour les créatures, qui pût nous retarder dans les œuvres imposées à notre obéissance ; — 3° Ne pas s'attacher d'une trop vive affection au prélat lui-même, de peur que, s'il est remplacé par un autre qui nous soit moins agréable, nous ne lui obéissions pas aussi volontiers.

Pour le second degré, voici quels en sont les devoirs : 1° Aimer le prélat comme un père, s'attacher à lui par un esprit d'amour et non par un sentiment de crainte ; — 2° Nous affectionner pour ce qui nous est enjoint, et chercher des raisons qui nous excitent à nous y complaire ; — 3° Estimer l'obéissance au plus haut prix, désirant d'être au-dessous des autres et d'obéir, plutôt que d'être au-dessus et de commander.

Le troisième degré s'obtient par d'autres pratiques : 1° Toutes les fois que notre jugement veut s'insurger contre les ordres du prélat, considérons que notre prudence est courte, notre expérience débile, et remarquons les nombreuses erreurs que nous avons commises tant de fois en traitant nos affaires. — 2° Persuadons-nous à nous-mêmes que l'opinion contraire nous est suggérée par quelque passion désordonnée, qui nous empêche de voir la vérité. — 3° Considérons encore la position du prélat, et comparons-la à la nôtre : il est notre supérieur et tient la place de Dieu, nous ne sommes, nous, que ses sujets ; Dieu lui communique ses lumières, nous marchons, nous, dans les ténèbres ; il embrasse de ses regards le bien général, nous, nous n'avons des yeux que pour notre propre intérêt. Voilà pourquoi ses ordres doivent être, non pas examinés, mais promptement et simplement exécutés dans tout ce qui ne répugne pas à la loi divine, sans rechercher la cause ou le motif de ses prescriptions.

Dans les saintes Écritures, l'obéissance est regardée comme préférable aux sacrifices de victimes, parce qu'elle est une immolation de la volonté. Par elle, des choses indifférentes, comme la promenade et le sommeil, s'élèvent à la valeur d'un mérite. Par elle, nous sommes on ne peut mieux préparés à notre union avec Dieu, parce qu'en obéissant, nous voulons ce que Dieu veut, et nous ne voulons point ce qu'il ne veut pas.

Puisque tel est le mérite de l'obéissance, prenons la ferme résolution d'obéir jusqu'à la mort, aussi prompts à exécuter les ordres durs, difficiles et répugnants, que s'ils étaient doux, faciles et agréables.

qu
ret
soy
rez
sai
véri
l'ain
M.
tous l

DIX-SEPTIÈME MÉDITATION.

DES RÈGLES ET DES STATUTS

DE CHAQUE ORDRE RELIGIEUX.

1

Quel que soit l'ordre religieux auquel nous appartenions, Dieu nous a retirés du siècle à cette fin, que nous soyons saints et parfaits : « Vous serez saints, dit-il, parce que je suis saint (Lév., XI, 44). » Or, la sainteté véritable et la perfection consistent à l'aimer par-dessus toutes choses.

Mais, outre cette fin commune à tous les ordres religieux, chacun d'eux a une fin propre et spéciale, et des moyens particuliers pour arriver à cette fin, selon l'exigence de son institut. Les uns, en effet, cultivent telle vertu qui est tout entière dans les actes extérieurs, comme le soin des malades. D'autres renoncent à toute occupation pour se consacrer à la contemplation des choses divines. D'autres embrassent ce double genre de vie, s'occupant et à secourir le prochain et à méditer dans la contemplation : on trouve, d'ailleurs, plusieurs ordres qui ont la même fin, et qui toutefois y tendent par des moyens divers ; de là cette admirable variété de congrégations religieuses, que l'on voit, soit par une fin particulière, soit d'une manière spéciale, tendre toutes à un but unique.

Il en sort cette conséquence, que chaque religieux doit nécessairement distinguer et connaître dans la perfection la fin générale et la fin particulière de son institut. Il doit ensuite être instruit des statuts, des règles et des autres moyens que l'ordre fournit à ses élèves en vue d'atteindre facilement au but qu'il s'est proposé. Il faut enfin que chacun observe avec une scrupuleuse exactitude les règles prescrites, et qu'il s'efforce de parvenir au degré suprême de la charité par les moyens tracés dans les lois de l'institut dont il est membre. Pour y pouvoir atteindre, un religieux n'aura d'affection que pour cet institut, il l'aimera avec persévérance, prêt à répandre son sang pour le conserver entier et inaltérable.

II

Cet amour pour l'institut et ses règles propres naîtra des considérations suivantes :

1° Dieu ayant appelé tous les religieux à la perfection, il faut que chacun soit persuadé que la forme et le modèle idéal de sa perfection spéciale est dans la règle même et les constitutions de son ordre, et que ces constitutions par cela même doivent être estimées d'un grand prix, et reçues avec reconnaissance comme une voie qui mène au ciel.

2° Chaque règle a Dieu pour auteur ; émanées de sa sagesse infinie, elles ont le plus haut degré de bonté, de justice et de certitude.

3° Nos législateurs ont brillé par leur prudence, leur sainteté et leur science. C'est après avoir beaucoup prié, beaucoup consulté, qu'avec l'inspiration divine, ils ont promulgué leurs règles, confirmées par le souverain Pontife, et approuvées par plusieurs saints qui en ont été les scrupuleux observateurs.

4° Ces règles ne sont qu'un petit livre, mais il doit tenir lieu de grands volumes; car elles contiennent le suc et le résumé de toutes les institutions spirituelles; et telle est leur efficacité pour former à la sainteté un religieux, que, pour le mettre au rang des saints, il suffit de montrer qu'il a suivi avec une exactitude rigoureuse les lois de son institut.

5° Tout ce qui est épars dans différents livres au sujet de la perfection chrétienne se trouve réuni dans ces règles; ce sont pour ainsi dire des ailes sur lesquelles on prend son essor vers le faîte de la perfection; ce sont des réservoirs où nous avons des trésors de vertu.

6º Par elles, l'homme tout entier est dirigé, façonné, amélioré, de manière à remplir tous ses devoirs envers Dieu, envers le prochain et envers lui-même.

7º Leur observance est facile et douce, et ce qu'elles contiennent de pénible pour la chair est adouci par le charme de la grâce divine.

Il faut considérer enfin les terribles inconvénients dont la négligence des règles est la source : la tiédeur, les scandales, les relâchements, la violation des vœux, la destruction du lien religieux, la perdition déplorable de l'âme pendant toute l'éternité.

III

Pour l'observance irréprochable de la règle, voici ce qui est indispensable :

1° Un ardent désir de ce qu'il y a de meilleur et de plus élevé dans la perfection, désir tel qu'il empêche de négliger les moindres prescriptions, même celles dont la transgression n'entraîne aucune faute : ainsi la crainte fera place à l'amour et au désir de la perfection où tendent toutes les règles.

2° Il faut pour cela se faire des habitudes d'esprit telles, qu'on écarte tout but étranger, et qu'on observe la règle uniquement en vue de Dieu, de son amour et de sa gloire.

3° Il ne faut mépriser ou négliger aucune prescription, quelque futile et peu importante qu'elle paraisse; car « Celui qui néglige les petites choses tombe peu à peu (ECCLÉSIASTIQUE, XIX, 1), » et la transgression est considérée comme d'autant plus coupable, que la prescription présente moins de difficulté dans son accomplissement.

4° Rien ne doit être estimé d'importance médiocre, quand son observance accroît le mérite et donne le calme à la conscience, et quand le mépris qu'on en fait prédispose aux graves conséquences de la ruine.

5° Les règles doivent être observées

avec un tel zèle, avec une telle ardeur, qu'autant qu'il est possible, Dieu aidant, aucun relâchement, aucune négligence ne se mêlent à leur exécution.

6° Pour les observer plus facilement, il faut souvent les lire, en interroger le sens, et, si l'on y trouve quelque obscurité, en demander l'explication à de plus habiles. Chacun, du reste, se les rendra familières et par la pratique et par des méditations quotidiennes.

7° Un moyen de les observer avec plus d'exactitude, c'est de se punir soi-même des moindres infractions à ce qu'elles commandent; parfois même de demander pour ces manquements une pénitence au prélat; de recevoir volontiers, de souffrir de grand cœur les avertissements, les reproches et les châtiments que ce motif aura provoqués.

Il faut enfin, plein de respect pour ces règles, s'y attacher avec une pieuse affection de l'âme, comme à la loi qui discipline notre vie; et ne pas oublier que nous serons appelés à rendre compte de leur exécution au tribunal si juste et si sévère du Tout-Puissant

DIX-HUITIÈME MÉDITATION.

DE L'AMOUR DU PROCHAIN.

I

La perfection spirituelle consiste véritablement et proprement dans l'amour parfait de Dieu et du prochain, autant qu'il peut exister en cette vie. Le faîte de la sainteté, le sommet de la perfection chrétienne, c'est, pour nous, d'aimer Dieu de tout notre cœur, de tout notre esprit, de toutes nos forces, et notre prochain comme nous-mêmes. Les jeûnes, les veilles, les méditations et les autres exercices du même genre ne sont point la perfection ; ils ne sont que des moyens et des instruments de perfection. Mais la charité pour le prochain, quel est son empire ! Elle nous fait aimer pour Dieu nos ennemis comme nos amis. Or, les aimer pour Dieu n'est rien autre chose que les aimer à raison de certains rapports qu'ils soutiennent avec Dieu : ils sont en lui ; les biens de la grâce et de la gloire doivent être la récompense de leurs efforts ; et puis Dieu nous ordonne d'avoir pour eux un ardent amour.

De nombreux motifs nous engagent à aimer notre prochain :

1° La nécessité de cet amour ; car « l'amour est l'accomplissement de la loi, toute la loi est dans l'amour (ÉP. AUX ROM., XIII, 10), » et « toute la loi est renfermée dans ce seul précepte : Vous aimerez votre prochain comme vous-mêmes (Ép. aux Gal., v, 14). »

2º L'utilité, parce qu'en aimant notre prochain, nous partageons ses avantages, et que « le frère qui est aidé par son frère est comme une ville forte (Prov. xviii, 19). »

3º La douceur et la facilité ; le précepte de l'amour peut, en effet, être accompli par le pauvre et par le riche, par l'homme sain et par l'infirme.

4º L'exemple du Christ qui nous aime jusqu'à verser son sang pour nous laver de nos péchés ; si Dieu nous chérit à ce point, nous devons répondre à tant d'amour.

5º L'édification du prochain : « Tous connaîtront que vous êtes mes disciples, si vous avez de l'amour les uns pour les autres (S. JEAN, XIII, 35). »

6° La condition même de nos semblables, parce que nous sommes tous frères, appelés à la même grâce, à la même foi, et que nous avons tous un seul et même Père qui est dans les cieux.

Enfin sans l'amour du prochain, l'amour de Dieu n'est qu'une vaine fiction, puisque « si quelqu'un dit : J'aime Dieu, et ne laisse pas de haïr son frère, c'est un menteur (Ép. DE S. JEAN, IV, 20). »

II

Il y a plusieurs manières de manifester son amour du prochain; en voici quelques-unes : Avoir une vive affection pour tous les hommes, tous pouvant atteindre à la béatitude éternelle, et désirer pour eux les divers biens de la grâce et de la gloire; — Leur désirer les biens extérieurs et matériels, autant qu'ils aident à parvenir au bien véritable, la béatitude; — Se réjouir des avantages, s'affliger des maux qui leur arrivent; — Dès qu'une étincelle de haine, de soupçon, d'amertume contre quelqu'un tente un accès dans notre âme, l'éteindre à l'instant, et tout interpréter en sens favorable; — Excuser les faiblesses d'autrui, les dissimuler, les dérober modestement à tous les yeux; — Supporter de bon cœur les injures et les offenses, car la charité est patiente et bienveillante; il n'est rien qu'elle ne souffre et n'endure, elle ne réclame pas ce qui est sien; — Prévenir les autres par des services et des complaisances; — Venir à tous en aide par ses conseils, par ses paroles, par ses œuvres et par ses exemples; — Faire du bien à ceux qui nous haïssent; — Prier pour ceux qui nous persécutent et nous calomnient, et être prêt à faire le sacrifice de notre vie pour leur salut.

III

Il se présente d'elles-mêmes, pour exercer l'amour du prochain, autant d'occasions qu'il y a de misères et de besoins corporels et spirituels. C'est au corps que s'adressent les œuvres corporelles de miséricorde, comme de donner à manger à ceux qui ont faim, à boire à ceux qui ont soif; de vêtir la nudité des pauvres; de donner l'hospitalité à ceux qui n'ont pas d'abri, aux voyageurs, aux étrangers; de visiter les malades et les prisonniers; de racheter les captifs, d'assister à la sépulture des défunts, et de les ensevelir soi-même au besoin. — C'est à l'âme qu'appartiennent les œuvres spirituelles de miséricorde, comme de reprendre les pécheurs avec à-propos, avec amour, avec efficacité; d'enseigner les ignorants; d'arracher les infidèles à leurs erreurs; d'instruire ceux qui n'ont aucune connaissance dans les matières de foi et de mœurs; de guider sagement ceux qui doutent; de consoler ceux qui sont dans la tristesse et l'affliction; de supporter patiemment les injures; de pardonner les offenses promptement et cordialement; de prier pour le salut du prochain. Recherchons comment nous avons exercé jusqu'ici ces œuvres de charité, et avisons aux moyens de mieux faire à l'avenir.

IV

Pour acquérir la charité parfaite envers le prochain, on s'aidera beaucoup des recommandations suivantes :

1º Regardons nos frères non comme de la chair et du sang, mais comme une image de Dieu à laquelle il a prodigué son amour; non comme des étrangers, mais comme des personnes qui nous sont fortement unies, dont la prospérité ou l'adversité nous intéresse au plus haut point, qu'il faut en conséquence aimer, honorer, vénérer, et s'attacher par tous les bons offices.

2º Si quelqu'un nous cause des chagrins, nous devrons le regarder non comme l'auteur d'un mal ou d'une injustice, mais comme le plus grand des bienfaiteurs qui met le comble à nos mérites.

3° Toutes les fois que nous sentirons naître dans notre âme de la malveillance ou de l'aversion pour une personne, nous nous hâterons d'apporter remède à ce mal, en priant pour elle sans relâche, en la vainquant par nos bienfaits.

4° Quelque saint, quelque parfait que soit un homme, nous nous garderons d'une trop grande intimité, d'une extraordinaire amitié, qui partagerait notre cœur et serait une occasion de scandale : un tel sentiment, sous les apparences de la charité, est le ver qui la ronge, le venin qui l'empoisonne.

5° Comme souvent des choses viles et temporelles, trop vivement désirées, apportent la guerre et accroissent les discordes, nous aurons pour elles un souverain mépris, nous en déracinerons l'amour dans notre cœur, afin qu'elles ne l'agitent point, qu'elles ne le plongent point dans les flots de l'indignation.

6° Nous ferons nos efforts pour vaincre notre volonté propre et la soumettre à la volonté de nos frères, en déférant à leur avis dans tout ce qui ne blesse pas l'honnêteté. Nous ferons de même abnégation de notre jugement propre, nous ne soutiendrons pas obstinément nos définitions, de peur que la diversité des sentiments ne donne lieu à des discordes et à des rivalités.

7° Persuadons-nous enfin qu'aucun motif, quelque légitime qu'il paraisse, n'autorise contre notre frère une irritation qui prive de la vue les yeux de l'esprit, et détruit les avantages de la paix et de la charité.

En observant ces règles, on arrive à la perfection de la charité fraternelle.

V

Il est peu d'hommes qui aiment le prochain purement en vue de Dieu. La pureté dans l'amour est bien rare : celui qui aime se propose plutôt son utilité, son avantage, son plaisir, que le bonheur de la personne aimée. Aussi la source des attachements à tel ou tel, est presque toujours : qu'il a de la beauté et de la grâce ; qu'il est remarquable par son talent et par ses connaissances ; qu'il se distingue par la moralité de sa conduite ; qu'il est riche et puissant ; qu'il a de l'esprit, qu'il parle bien, qu'il plaît, ou qu'on attend de lui des honneurs, des richesses, des plaisirs. Rarement on s'aime en considération de ce que Dieu est tout en tous. Celui cependant qui s'attache à ses frères d'un amour sincère et véritable, désire avec la plus grande ardeur leur salut éternel ; il est prêt à tout souffrir dans l'intérêt de leurs âmes ; il ne cesse pas de s'occuper de son frère, bien que sa vigilance ait peu de succès ; il persévère dans son attachement, bien que ce frère soit loin d'y répondre ; il regarde comme le sien propre le mal-

heur d'autrui ; il pardonne cordialement toutes les injures ; il ne juge
personne, ne méprise personne, tous
lui sont chers et il les honore ; il imite
ainsi Dieu qui fait lever son soleil sur
les bons et sur les méchants, qui fait
tomber la pluie sur les justes et sur
les injustes.

Si nous trouvons en nous ces signes
de la perfection chrétienne, nous en
remercierons Dieu ; si nous ne les y
trouvons pas, nous mettrons tout en
œuvre pour épurer nos affections et
parvenir au faîte de la plus parfaite
charité.

DIX-NEUVIÈME MÉDITATION.

DE L'AMOUR DE DIEU.

I

La charité envers Dieu est ce sentiment qui nous le fait aimer de tout notre cœur, de toute notre âme, de toutes nos forces, au delà de tout ce qui est aimable, sans y être excité par la crainte du châtiment ou par l'espoir de la récompense, mais en vue de Dieu même et de sa bonté infinie. Cet amour a plusieurs mobiles qui nous entraînent.

Dieu lui-même est le premier de

ces mobiles, Dieu dont la beauté est suprême, dont la bonté, la perfection et l'amabilité sont infinies. Il est la source et l'origine de tous les biens, notre salut et notre béatitude, et rien de ce qui est l'objet de nos désirs ne peut lui être comparé.

Le second, c'est Jésus-Christ, notre Seigneur, qui est venu apporter le feu sur la terre, en faisant et supportant pour nous tant et de si grandes choses. Un tel motif, si nous n'avons pas des cœurs de pierre, nous incite, ou plutôt nous force à aimer Dieu, quand même nos volontés y seraient rebelles.

Le troisième, c'est l'ensemble de la création; car le ciel et la terre, et tout ce qu'ils contiennent, ne cessent de nous crier chaque jour d'aimer ce

Dieu qui pour nous a créé tout, conserve tout, pourvoit à tout.

A ces mobiles se joignent, en quatrième lieu, d'innombrables bienfaits, tant généraux que particuliers, qui, comme les feux ardents d'une fournaise embrasée, éclatent sur nous et allument les flammes du plus fervent amour à l'égard d'un bienfaiteur d'une si prodigieuse munificence.

Enfin nous sommes excités de la façon la plus efficace à cet amour, d'un côté, par l'excellence de la charité divine, si grande que ni le langage des anges, ni les miracles, ni les prophéties, ni les souffrances mêmes du martyre ne sont réputés de quelque prix, de quelque mérite, si la charité fait défaut; d'un autre côté, par l'ineffable amour de Dieu pour nous, car cet

amour a devancé la création du
monde, et la preuve qu'il ne nous
met jamais en oubli, c'est qu'il ne
cesse de nous combler de bienfaits.

II

Voici quels sont les actes d'amour
envers Dieu : l'aimer purement et
pour lui-même ; vouloir que tous les
biens rètournent à lui dont ils émanent ; ressentir une grande joie de
toutes ses perfections, des adorations
et des honneurs que lui rendent les
anges et les saints, des hommages
que tous lui prodigùent en le servant ;
désirer que chacune des créatures le
connaisse et lui voue un culte, que
les infidèles se convertissent à la foi,

les pécheurs à la vertu ; avoir une grande douleur de ses péchés propres et de ceux d'autrui, uniquement parce qu'ils sont des injures à Dieu ; prendre une ferme résolution d'être un gardien fidèle de tous ses commandements ; avoir en aversion tout ce que nous savons lui déplaire, et nous réjouir de ce qui lui plaît, que ce soit une prospérité pleine de douceurs ou une adversité pleine d'amertumes ; demander avec instance dans nos prières que notre amour s'accroisse et que nous y persévérions ; aspirer de toutes les ardeurs de notre âme à voir Dieu et à nous unir à lui comme au souverain bien ; être heureux des peines et des chagrins, quels qu'ils soient, endurés pour Dieu ; enfin pour lui, s'il en est besoin, affronter la mort, ce qui est l'acte de charité par excellence que doit surtout souhaiter d'accomplir celui qui aime véritablement ; car « personne ne peut avoir un plus grand amour que de donner sa vie pour ses amis (S. JEAN, XV, 13). »

Quant aux occasions d'exciter en nous l'amour de Dieu, elles sont innombrables comme les bienfaits de ce même Dieu, et non-seulement comme ces bienfaits communs et que tous connaissent, mais comme ceux que l'on ignore et qui sont conférés en propre à chacun en particulier : par exemple, d'avoir sucé avec le lait maternel celui de la vraie religion, — eu en partage une âme vertueuse, — été préservé de beaucoup de malheurs, de plusieurs périls, — appelé à l'état religieux, — et une foule de bienfaits semblables dont il serait difficile d'indiquer le nombre.

Pour exciter cet amour, il est un second genre d'occasions assez fréquentes : la pensée ou le souvenir se portent sur les attributs de Dieu, sur ses perfections, sur la grandeur de son affectoin pour les hommes. Il est impossible que de telles considérations n'allument pas le plus fervent amour pour un Dieu si excellent et si parfait, que rien de plus grand ni de meilleur ne se peut concevoir.

III

Une observation à faire, c'est que
Dieu ne nous commande en aucune
manière d'être des savants et des
sages, d'avoir du courage et de l'in-
dustrie, de prévoir l'avenir, de ressusciter les morts; mais il veut que
nous le chérissions par-dessus toutes
choses. Or l'amour de Dieu ne consiste
point dans une connaissance appro-
fondie de ce qu'il est, ni dans le désir
spéculatif de la vertu, ni dans la contemplation des choses célestes, ni dans
les consolations sensibles, mais dans
la plus scrupuleuse observation des
ordres divins; car c'est dans l'accomplissement des œuvres que sont les

preuves de l'amour : eussions-nous tout ce qu'on peut avoir de science et de vertu, jamais cependant nous n'aimerons Dieu dans la perfection, si nous ne nous dépouillons nous-mêmes de tout amour-propre. Nous devons nous étudier à cette abnégation, si nous voulons parvenir au comble de la divine charité. C'est vers ce but qu'il faut diriger notre intention, et tendre tous nos efforts; chercher à l'atteindre doit être l'objet de tous nos soins et de nos occupations.

Du reste, nous serons parvenus, avec une légitime confiance, à la perfection de l'amour, si nous souffrons volontiers pour Dieu tout ce qu'il y a de pénible et d'affligeant; si la force de notre amour nous entraîne tellement hors de nous-mêmes, que nous oubliions tout le reste; si nous prions avec persévérance, sans le moindre ennui, sans la moindre distraction; enfin si nous rejetons entièrement l'amour de tout ce qui n'est pas Dieu.

VINGTIÈME MÉDITATION.

DE L'UNION AVEC DIEU.

I

Toute chose n'étant réputée parfaite qu'autant qu'elle est une avec sa fin, et notre fin étant Dieu, il s'ensuit nécessairement que nous ne sommes parfaits que par notre adhésion à Dieu. Or cette union, cette adhésion a lieu par l'amour qui est le lien de la perfection; car « Dieu est amour; et quiconque demeure dans l'amour demeure en Dieu, et Dieu demeure en lui (Ép. de S. Jean, iv, 16). »

Dans cette union, l'intelligence con-

temple Dieu dans le plus lumineux
éclat de la sagesse comme un ensemble où tous les biens sont contenus ;
aussi n'est-il plus possible de s'en séparer pour en chercher d'autre : la
volonté est enchaînée par le plus ardent amour qui, comme une flamme
impétueuse, semble tout consumer ;
dans un tel état, l'âme ne vit plus en
elle, les actes de la nature la trouvent
insensible, elle passe de toute son affection à Celui à qui l'unissent désormais les liens de cette affection indis-
soluble. C'est alors que les enfants de
Dieu sont marqués d'un sceau où est
écrit un nom dont ceux-là seuls qui le re-
çurent ont la connaissance. C'est alors
que l'esprit de l'homme est appelé,
comme Moïse, dans un divin nuage.
C'est alors que Dieu se fait sentir dans le

souffle d'un vent léger. C'est alors que l'âme s'écrie : « Nous sommes bien ici (S. MATT., XVII, 4). » C'est alors, qu'introduite dans le lieu où se garde le vin, elle chante ainsi son épithalame : « Mon bien-aimé est à moi et je suis à lui; il met sa main gauche sous ma tête, et il m'embrasse de sa main droite (CANT. DES CANT., II, 16 et 6). »

II

Élevée à cet état par l'amour de Dieu, l'âme éprouve de merveilleuses émotions; embrasée par son Dieu à qui elle s'est unie intimement, elle montre bien qu'elle est de céleste origine, comme le fer blanchi par le feu en offre une éclatante image et en

emprunte les propriétés. Les jouissances de cette âme sont introduites
dans le séjour et, pour ainsi dire, dans
les immenses solitudes de la Divinité,
où la volonté perçoit Dieu avec un
sentiment ineffable, où l'intelligence
oublie tout ce qui distingue les êtres,
tout ce qui les varie, et, laissant au-
dessous d'elle les diverses images,
même les plus nobles, dans la profonde sagesse de l'ignorance, elle
contemple Dieu : sans doute elle ne le
voit pas clairement, comme elle le
verra dans le ciel; mais avec cette
ignorance exceptionnelle et pleine de
grandeur, avec cette sagesse qui
échappe aux lois du bon sens et de la
raison, et que les théologiens mystiques ont tant vantée, elle le reconnaît
par inspiration.

O vraiment heureux ceux à qui il a été donné de devenir enfants de Dieu par cette élévation sublime ; ceux qui, participant de la nature divine, contemplent la gloire du Seigneur, et se transforment en sa brillante image, montant de clartés en clartés, comme emportés par l'esprit du souverain Maître ! O mille fois heureux — ceux dont le Psalmiste écrivit : « Je l'ai dit, vous êtes des dieux (Ps. LXXXI, 6), » non par la nature, mais par la grâce, non d'essence, mais de participation ; — ceux qui ne font qu'un avec Dieu dans l'abîme infini et inépuisable de sa charité ; qui, se dérobant à l'humanité dans leurs célestes entretiens, sont emportés au ciel, confondus par l'esprit avec Dieu, dans cette unité suprême de la vérité, et dans cette vérité suprême de l'unité! Voilà le terme de notre vie, voilà notre fin dernière : c'est là le charme, là le repos, là la béatitude de notre âme! Daigne nous y conduire, Jésus-Christ, le Fils de Dieu, et le délicieux époux de nos âmes! Ainsi soit-il!

III

Les principaux obstacles à cette union sont les suivants :

1° L'excès de sensualité qui recherche toutes les douceurs et les consolations de la nature (du moins par le désir, si la réalisation n'en est pas possible), dans des mets délicats, dans un lit doux et mou, dans des habits recherchés, dans des conversations et d'autres plaisirs qui, sans être bien coupables, rendent cependant désagréables et difficiles les exercices spirituels.

2° L'excès de présomption de ceux qui, s'infligeant avec austérité des châtiments corporels, et paraissant avoir brisé avec les plaisirs de la chair, en prennent occasion de s'enfler d'orgueil, de mépriser autrui, et d'en dire : « Je ne suis pas comme le reste des hommes (S. Luc, xviii, 11). » Si leur justice était sincère, loin d'exciter ce vain orgueil, cette indignation à l'égard des défaillances d'autrui, elle leur donnerait l'humilité, la patience et le sentiment de la commisération.

3° L'excès de scrupule de ceux qui « ont tremblé et ont été effrayés là où il n'y avait pas lieu de craindre (Ps. xiii, 9). »

4⁰ Le désir désordonné de la louange humaine et des faveurs de l'opinion, alors qu'on se retire de la voie de la perfection par crainte de la dérision et du mépris.

5⁰ L'absence de mortification, le manque d'abnégation pleine et entière dans toutes les ignominies, les mépris et les afflictions.

6⁰ L'excès d'occupation du cœur même dans les choses licites, qui a pour conséquence des distractions d'esprit et des absences dans le temps du repos et de l'oraison; car il est écrit : « Celui qui s'agite peu acquerra la sagesse (ECCLÉSIASTIQUE, XXXVIII, 25). »

7⁰ L'excès de curiosité d'une intelligence investigatrice et raisonneuse; car : « Celui qui veut sonder la majesté sera accablé de la gloire (Prov. xxv, 27). »

Il faut donc écarter avec le plus grand soin ces obstacles pour mériter de monter et d'atteindre au faîte suprême de l'union bienheureuse.

IV

Les obstacles une fois écartés, diverses préparations sont nécessaires pour disposer et orner l'âme, si elle désire arriver à l'intime union.

1° La première disposition ou préparation consiste dans les œuvres et les exercices de la vie active, à savoir : dans la pénitence, dans l'extinction des vices, dans la composition intérieure et extérieure de tout l'homme, dans l'activité de toutes les vertus.

2° Il faut nécessairement faire scission avec toutes les créatures, en sacrifiant tous les liens, toutes les affections qui nous y attachent.

3° Chacun doit se fuir soi-même, vivre en dehors de soi-même pour vivre en Dieu; ce que nous obtiendrons, si nous cherchons sa gloire en toutes choses avec la plus grande simplicité d'intention, et si nous inclinons toujours notre âme à ce qui doit être plus conforme à Jésus - Christ, plus utile au prochain, plus contraire à notre propre volonté.

4° Diverses conditions sont requises : l'isolement de l'âme, le silence intérieur, c'est-à-dire le rejet de toute affection et de toute forme qui n'offre pas le bien-aimé.

5° Il faut nous résigner, nous offrir

à Dieu avec une complète indifférence à l'égard d'un chagrin quelconque, même de l'infamie et du dépouillement; à l'égard de la perte de toute grâce sensible, même de la dévotion; enfin à l'égard de la mort et de tout ce qui peut nous survenir. dans le temps et dans l'éternité.

6° Rien ne doit nous attacher, pas même les exercices spirituels, si ce n'est en proportion de la facilité à accomplir la volonté de Dieu. Nous ferons certes ce qui est en nous; mais le succès, mais le progrès, nous les attendrons de Dieu avec une entière quiétude.

7° La volonté doit être ainsi ordonnée, afin qu'aucune imperfection reconnue par elle n'obtienne un assentiment réfléchi. Et comme l'union est un don rare et particulier de Dieu, il faut le lui demander par de ferventes aspirations ou par des oraisons jaculatoires, exercices qui donnent à l'âme une telle énergie qu'elle vole en hâte et d'un pas très-rapide à l'union désirée.

V

L'union dont nous parlons ici n'est point simplement l'union par la grâce, puisqu'il est beaucoup d'hommes justes et amis de Dieu qui ne l'ont point obtenue; elle n'a pas lieu non plus seulement dans la substance de l'âme, si on entend par là cette présence intime pareille à celle dont Dieu est présent partout par son immensité; mais c'est une union mystique par laquelle l'âme est conjointe à Dieu, comme la greffe d'un arbre insérée au tronc d'un autre arbre dont elle reçoit la nourriture, et qui (à l'inverse de ce qui se passe dans la nature) porterait non des fruits pareils à ceux qu'elle portait précédemment, mais des fruits semblables à ceux de l'arbre sur lequel on l'a greffé ; c'est bien le sens de ce que dit le Seigneur : « Celui qui demeure en moi et en qui je demeure, porte beaucoup de fruits (S. JEAN, XV, 5). »

Par cette union, nous nous plongeons nous-mêmes dans toutes les délices de notre Dieu, laissant au dehors toutes les créatures, n'ayant plus le sentiment et la pensée de nous-mêmes, comme une goutte d'eau absorbée par l'Océan, de sorte que c'en est fait désormais, nulle créature ne peut plus nous retrouver. Ainsi nous sommes élevés de la terre au ciel, et nous devenons par la grâce ce que Dieu est par sa nature. Ainsi enfin, dans cette union si pure avec Dieu, nous le voyons lui-même dans le miroir et dans l'énigme, ayant un avant-goût de la félicité vers laquelle nous tendons, après laquelle nous soupirons, pour laquelle nous créa le Dieu tout-puissant, à qui sont dus louanges, honneur et gloire dans les siècles des siècles. Ainsi soit-il.

FIN.

TABLE.

—

FIN DE LA TABLE.

Imprimerie de P.-A. BOURDIER et Cᵉ, 30, rue Mazarine.